A ALFABETIZAÇÃO COMO PROCESSO DISCURSIVO

30 anos de A CRIANÇA NA FASE INICIAL DA ESCRITA

EDITORA AFILIADA

Coordenador do Conselho Editorial de Educação
Marcos Cezar de Freitas

Conselho Editorial de Educação
José Cerchi Fusari
Marcos Antonio Lorieri
Marli André
Pedro Goergen
Terezinha Azerêdo Rios
Valdemar Sguissardi
Vitor Henrique Paro

Dados Internacionais de Catalogação na Publicação (CIP)
(Câmara Brasileira do Livro, SP, Brasil)

A Alfabetização como processo discursivo : 30 anos de A criança na fase inicial da escrita / Cecília M. A. Goulart, Cláudia Maria Mendes Gontijo, Norma Sandra de A. Ferreira, (Orgs.) -- São Paulo : Cortez, 2017.

Vários autores.
Bibliografia.
ISBN: 978-85-249-2532-0

1. Alfabetização 2. Alfabetização - Métodos 3. Análise do discurso 4. Pedagogia 5. Prática de ensino I. Goulart, Cecília M. A. II. Gontijo, Cláudia Maria Mendes. III. Ferreira, Norma Sandra de A.

17-05585   CDD-372.4

Índices para catálogo sistemático:
1. Alfabetização : Ensino : Educação   372.4

Cecília M. A. Goulart
Cláudia Maria Mendes Gontijo
Norma Sandra de A. Ferreira (Orgs.)

A ALFABETIZAÇÃO COMO PROCESSO DISCURSIVO

30 anos de A CRIANÇA NA FASE INICIAL DA ESCRITA

1ª edição
2ª reimpressão

A ALFABETIZAÇÃO COMO PROCESSO DISCURSIVO
30 anos de *A Criança na Fase Inicial da Escrita*
Cecília M. A. Goulart, Cláudia Maria Mendes Gontijo, Norma Sandra de A. Ferreira (Orgs.)

Capa: de Sign Arte Visual
Preparação de originais: Jaci Dantas
Revisão: Maria de Lourdes de Almeida
Composição: Linea Editora Ltda.
Coordenação Editorial: Danilo A. Q. Morales

Nenhuma parte desta obra pode ser reproduzida ou duplicada sem autorização expressa das organizadoras e do editor.

© 2017 by Organizadoras

Direitos para esta edição
CORTEZ EDITORA
Rua Monte Alegre, 1074 – Perdizes
05014-001 – São Paulo – SP
Tels. (55 11) 3864-0111 / 3611-9616
cortez@cortezeditora.com.br
www.cortezeditora.com.br

Impresso no Brasil – fevereiro de 2020

Sumário

Prefácio
João Wanderley Geraldi 7

Apresentação
Cecília M. A. Goulart
Cláudia Maria Mendes Gontijo
Norma Sandra de A. Ferreira 11

Da alfabetização como processo discursivo: os espaços de
elaboração nas relações de ensino
Ana Luiza Bustamante Smolka 23

A alfabetização como processo discursivo em perspectiva
Adriana Lia Friszman de Laplane 47

Notas sobre as implicações pedagógicas da concepção de
alfabetização como processo discursivo
Ana Lúcia Horta Nogueira 65

Apontamentos sobre o livro *A criança na fase inicial de escrita:
a alfabetização como processo discursivo*
Cláudia Maria Mendes Gontijo
Dania Vieira Monteiro da Costa 85

Estudos do discurso como referência para processos de
alfabetização em perspectiva discursiva
Cecília M. A. Goulart
Andréa Pessôa dos Santos 99

Alfabetização como processo discursivo: um "modo de fazer"
diferente
Lázara Nanci de Barros Amâncio
Cancionila Janzkovski Cardoso 113

Projeto de Incentivo à Leitura: uma experiência de
pesquisa e formação
Lila Cristina Guimarães Vanzella 133

Alfabetização, letramento e numeramento: conceitos para
compreender a apropriação das culturas do escrito
Maria da Conceição Ferreira Reis Fonseca 165

O "discurso fundador" de Smolka: alfabetização e produção do
conhecimento como processos discursivos
Maria do Rosário Longo Mortatti 179

"A criança na fase inicial da escrita": notas sobre sua circulação
no curso de Pedagogia — Faculdade de Educação/Unicamp
Norma Sandra de A. Ferreira
Lilian Lopes Martin da Silva 203

SOBRE OS AUTORES 219

Prefácio

Já no primeiro parágrafo de seu livro *Teoria das emoções*, Vigotski traz ao leitor "a expressão de J. W. Goethe, certas ideais amadurecem em determinadas épocas à semelhança dos frutos que caem simultaneamente em distintos pomares".

Estar no pomar para colher os frutos, no mundo das ideias, significa estar atento e vigilante para compreender e incorporar a seu próprio pensamento o que outros autores estão discutindo, tornando relevantes suas hipóteses e tendo a capacidade de sair do próprio quadro em que se está, deslocando-se muito frequentemente inclusive para fora da área de especialidade para encontrar em outros campos possibilidades de novas luzes que façam aparecer aspectos sombreados por uma tradição de pensamento interno à área.

Por isso, a analogia de Goethe com o pomar e os frutos amadurecidos numa mesma época contém uma verdade, mas a criatividade exige ir além do simples gesto da recolha. Da mesma forma, na lenda popular da queda da maçã sobre a cabeça de Newton e a consequente formulação da lei da gravidade, há um percurso criativo não percorrido por muitos outros sobre quem caíram maçãs e continuam caindo...

É a esta genialidade de articular pensamentos oriundos de diferentes áreas do conhecimento que homenageia este livro: *Ana Luiza Smolka* foi capaz de sair do espaço próprio e seguro da sua disciplina para transitar pelo campo ocupado por outros pesquisadores, e desta caminhada difícil — até o vocabulário é outro — retornar a seu campo com outras paisagens capazes de fazerem frutificar o pensamento em corrente no próprio campo.

Conceber a alfabetização como processo discursivo num momento em que neste terreno predominavam as pesquisas construtivistas de base piagetiana — como mostram vários dos textos que compõem esta coletânea — demandou **riscos**, porque todo pensamento inovador somente emerge quando o pesquisador se ancora no existente em diferentes disciplinas para patrocinar uma interlocução em que as vozes postas em contatos se tornam potentes e criam o novo. Este encontro polifônico se tornaria mera cacofonia — como ocorre com frequência em algumas esferas da comunicação midiática — não houvesse uma **autoria** assumida pelo pesquisador-maestro que não harmoniza as vozes para reduzi-las ao que não são, mas as escuta de forma produtiva para construir seu próprio quadro de referências. Nem o assujeitamento ou a subordinação ao dizer do outro, nem a surdez mórbida dos princípios disciplinares de descoberta e formulação de novos enunciados previsíveis no interior da própria disciplina.

Foi preciso ser indisciplinada para conceber uma alfabetização como processo discursivo. Foi preciso ser corajosa para enfrentar dogmas existentes. Mas o mais surpreendente do percurso de *Ana Luiza Smolka* é o fato de se deixar banhar pelos estudos da linguagem em sua perspectiva enunciativa, quando no interior da Linguística esta perspectiva era absolutamente marginal. Ainda que referências possam ser apresentadas mostrando um clima de desconforto com a Linguística disciplinarmente bem comportada que pairava nos estudos da linguagem, a bibliografia manuseada — aquela existente e possível de ser manuseada — continha inumeráveis conceitos que contradiziam o ponto de vista assumido no texto de tese, depois tornado o livro *A criança na fase inicial da escrita: a alfabetização como processo discursivo*. Para os leitores da obra e dos textos que a homenageiam depois de 30 anos de influência inegável nos estudos da alfabetização, certamente não escapa a concepção de sujeito agente, agenciador, que se assume como autor e que apõe sua assinatura desde as garatujas até o texto mais acadêmico e elaborado possível. Neste aspecto, afasta-se do que era predominante nos estudos discursivos ainda nascentes em que paradoxalmente se apostava na enunciação, mas se desprezavam as descontinuidades que um agenciamento pode produzir.

Na Análise do Discurso então proferida, usa-se de Foucault o conceito de "formação discursiva", esquecendo que nas camadas arqueológicas desvendadas pelo filósofo, ele chamou atenção para as descontinuidades que somente podem ser percebidas por uma perspectiva genealógica.

Foi esta perspectiva de gênesis do discurso escrito das crianças que inspirou a reflexão de *Ana Luiza Smolka*. Não se tratava mais de pensar a gênesis de aquisição do já existente — o alfabeto —, mas de pensar a gênesis do discurso enunciado operando com os instrumentos conhecidos pelo autor: garatujas, letras, desenhos, números, símbolos, recortes de palavras alheias etc. Ler estes textos em busca de seus sentidos foi uma proposta absolutamente revolucionária para o campo da alfabetização, em que estávamos habituados a apontar fases, a catalogar faltas, a enxergar o caminho não percorrido, a definir um limite — a aquisição do sistema alfabético —, não como um lugar de passagem, mas como um porto de chegada e de saber inerte. Para uma perspectiva discursiva não há ponto de chegada, porque o discurso produzido entra na cadeia infinita dos enunciados e enunciações, provocando outros tantos discursos, inclusive aqueles "didáticos" na relação de ensino.

Impossível compaginar esta perspectiva inspirada nos estudos da enunciação, nos estudos do discurso, na psicologia de Vigotski e na filosofia da linguagem de Bakhtin com algumas das atuais pesquisas que pretendem separar o discursivo ou o mundo onde circulam as letras da aquisição do alfabeto, tratada como uma questão técnica. Para a concepção discursiva da alfabetização, não há dois processos, mas um mesmo processo significativo que tem inúmeros avanços ou resultados, incluindo o domínio do alfabeto quase que como uma consequência necessária.

Para além da merecida homenagem ao trabalho produzido há trinta anos, que se reverencia nas inumeráveis citações e referências, é também útil aos pesquisadores do presente aprender como tal percurso de originalidade se tornou possível. Trata-se de aprender com a *Ana Luiza* a construir caminhos, abandonando a tranquilidade das regras de produção de novos enunciados previstos pelo já-dito, em outros termos, aprender a sair da redoma de vidro e aceitar a provisoriedade como princípio.

Para tanto, seria necessário um estudo genético da própria tese que apresentou a autora desta obra ímpar na literatura sobre alfabetização no

Brasil. Arrisco-me a chamar atenção para o fato de que o projeto de leitura de literatura infantil está no cerne do trabalho de descoberta.

E eis que nos encontramos mais uma vez com o que não se deixa reduzir à lógica da racionalidade moderna: *a arte*. A experiência estética, como nos ensinou Bakhtin, permite o êxtase de que retornamos enriquecidos para repensar o cotidiano, repensar a vida, repensar nossos dados de pesquisa. Seguramente a autora da concepção discursiva da alfabetização viveu estes êxtases junto com seus sujeitos leitores e não esqueceu o vivido ao retornar à racionalidade da pesquisa. No tempo que nos foi dado viver, tudo vem apontando para uma nova episteme em que racionalidade e sensibilidade não mais se separem para que haja, de fato, descobertas que nos aproximem de uma compreensão mais globalizante do homem e de seu mundo.

O percurso da produção de conhecimentos que podemos depreender da leitura de *A criança na fase inicial da escrita: a alfabetização como processo discursivo* é aquele que alia cognição, estética e ética. Da primeira, sobressai a concepção discursiva elaborada; da segunda, a presença da arte como alicerce do trabalho de pesquisa de campo; da terceira, esta atitude ética do respeito pela palavra do outro, concebendo a criança como um outro e não como um mero depósito de informações e conhecimentos na relação de ensino.

Em outras palavras, parece que o convívio com o estado poético, de forma ética, é uma fase necessária para o estado prosaico da racionalidade e da produção de novos conhecimentos, ainda que o êxtase vivido não se possa reduzir à compreensão da racionalidade e a atitude ética não se possa reduzir às regras de uma moral.

O êxtase estético, na literatura, é um dos mistérios da linguagem. Mistério insondável. *Ana Luiza Smolka* o respeitou eticamente como mistério para dele usufruir na elaboração da perspectiva discursiva da alfabetização.

Campinas, maio de 2017.

João Wanderley Geraldi

Apresentação

Cecília M. A. Goulart
Cláudia Maria Mendes Gontijo
Norma Sandra de A. Ferreira

Com alegria, apresentamos o livro comemorativo dos 30 anos de *A alfabetização como processo discursivo* (Smolka, 1987). Tese que se transformou, na íntegra, no livro intitulado *A criança na fase inicial da escrita: a alfabetização como processo discursivo*, editado pela Cortez Editora (Smolka, 1988). Livro que, em três décadas, se constituiu em importante referência bibliográfica para a área de alfabetização, fundamentando estudos, pesquisas, propostas curriculares, concursos e práticas, e professores atuantes em diferentes segmentos da escola básica e pesquisadores da área de educação e psicologia, entre outras.

Nos anos de 1980 começou a se dissipar a escuridão de tempos de ditadura no Brasil. Novas possibilidades de recomeçar o trabalho para dar continuidade à construção democrática da sociedade vão-se abrindo de várias formas. A eleição direta para governadores dos Estados chega-nos como uma clareira de esperanças na organização de ações coletivas para conquistar novos sentidos político-sociais à vida do povo brasileiro em muitas áreas. O sofrimento de expressiva parcela da população havia sido grande durante mais de vinte anos sob o regime militar; muitas vozes foram caladas, sufocadas.

Na área da Educação, sob esse regime, estancamos um conjunto de ideias, iniciativas, obras, pessoas, que vinham vivendo o sonho de um país diferente, vivendo e trabalhando pela educação como um direito inalienável de todos e de cada um, educação como prática de liberdade, educação como perspectiva de um país mais justo, menos desigual no tratamento de seus homens, mulheres e crianças — sonhos e vidas que prosperavam na década de 1960.

A taxa de analfabetismo era alta nessas décadas e comprometiam o desejo de uma sociedade justa. O conceito de alfabetização gerava debates por sua fluidez e nível baixo de exigência, mesmo nos levantamentos do IBGE da época (Ferraro, 2011).

Apesar de alguns estudiosos e, principalmente, organismos internacionais concluírem que a década de 1980 foi uma "década perdida", há movimentos importantes nessa década. Dentre eles, podemos citar, de acordo com Saviani (2007, p. 405) "[...] a significativa ampliação da produção acadêmico-científica, amplamente divulgada por cerca de sessenta revistas de educação surgidas nesse período e por grande quantidade de livros" postos em circulação por meio das editoras que também foram criadas nessa mesma década. Para esse autor, a década de 1980 se constituiu em período essencial na busca de construção de teorias contra-hegemônicas no campo da educação, e as revistas, assim como os seminários, congressos etc., ajudaram na veiculação e circulação das ideias progressistas. Podemos situar a obra de Ana Luiza nesse conjunto de produções que tiveram como finalidade a elaboração de teorias contra-hegemônicas.

O tema da alfabetização vem, através das décadas, desde o final do século XIX, provocando debates, polêmicas, questões variadas, e provocando também estudiosos de áreas diversificadas. Muitos aprofundamentos foram realizados ao longo do século XX e continuam se produzindo no primeiro quinto do século XXI. Alargando-se, também passa a balizar, por sua concepção ligada aos primeiros passos, aprendizagem inicial, campos do conhecimento como matemática, ciências e literatura, e outros, gerando a alfabetização matemática, alfabetização científica, alfabetização literária.

Que condicionantes e determinantes principais circunscrevem a tese de Ana Luiza Bustamante Smolka? Defendida a 12 de março de 1987, a tese foi aprovada com conceito A — Excelente, conforme consta na sua página inicial, escrito a mão. Orientada pelo Prof. Joaquim Brasil Fontes Júnior, a tese se insere na área de Metodologia de Ensino, trazendo como epígrafe duas citações do campo de estudo da linguagem: "A linguagem não tem necessidade de dizer tudo, e tampouco pode dizê-lo" (Merani) e "Se o sentido não fosse múltiplo não haveria necessidade do dizer" (Orlandi). Na sequência consta: "Por isso entre o dizer e o não dizer, a dúvida, a opção...", provavelmente escrito pela própria autora, e os agradecimentos a muitos e muitos, antecedidos pelo texto: "Este é um momento de enunciação social, do qual participam muitas e muitas vozes".

A informação sobre o local de desenvolvimento do trabalho vem em seguida: rede oficial de ensino de Campinas, no período de 1983-1985, com auxílio financeiro do INEP, SESU e FLE, "Projeto de Incentivo à Leitura — Subsídios metodológicos para professores da Primeira Série".

E a chave para a compreensão do que ainda hoje nos surpreende, considerar a perspectiva discursiva da alfabetização em 1987, é-nos revelada logo no início, de forma relevante, em texto de uma página, elaborado como um resumo, sem que seja nomeado como tal:

> Este trabalho é uma reflexão sobre a linguagem como forma de interação no contexto escolar de alfabetização. Como reflexão, retoma e destaca momentos vividos constituindo a memória de várias situações escolares. (Smolka, 1987, p. 10)

Na continuidade do pequeno texto, a autora esclarece que, além de reflexão sobre a linguagem, o trabalho se baseia no argumento de que a interação e a linguagem fazem parte do processo de construção do conhecimento. Foram os modos de aprender a ler e a escrever das crianças em diferentes situações que levaram a essa constatação, continua Smolka. Nesse processo de elaboração intersubjetiva do conhecimento, os espaços das negociações sobre os modos de ver e dizer o mundo também são destacados. Nas palavras da autora, "(...) a dimensão (inter)discursiva no processo de aquisição da linguagem escrita" se revela. Ao final, no último parágrafo, há uma convocação aos leitores "a participarem também como protagonistas neste e em novos momentos de enunciação".

Na página seguinte ao resumo, o destaque a um pequeno diálogo entre um adulto e uma criança que consta do livro. O diálogo é uma marca desse estudo, e se tornou emblemático. Em inúmeras situações orais e escritas, ele é lembrado, explorado, revisitado, como expressão forte da indeterminação da linguagem, das provocações que o discurso, qualquer um, mas aqui o das crianças, nos faz enfrentar.

A professora escreve na lousa:
"A mamãe afia a faca", e pede para uma criança ler. A criança lê corretamente.
Um adulto pergunta à criança:
— Quem que é a mamãe?
— É a minha mãe, né?
— E o que é "afia"?
A criança hesita, pensa e responde:
— Sou eu, porque ela (a mamãe) diz: vem cá, minha "fia".
A professora, desconcertada, intervém:
— Não! Afia é amola a faca!

As muitas formas de ação e compreensão que habitam a escola ganham enorme visibilidade no diálogo citado, e nos atiçam para aceitar o convite de caminhar na mesma direção, caminhar junto, desbravando e dando corpo a novas perspectivas para ensinar a ler e a escrever.

E cá estamos nós, conversando e buscando interlocuções com a proposta do estudo de Smolka, por meio da organização deste livro, mergulhando em um passado que tem presença forte entre nós, professores estudiosos de alfabetização, linguagem e discurso. O estudo continua provocador e atual, como apontam os títulos das seis partes que organizam o trabalho, lidas no sumário (p. 12): 1. Alguns pontos de partida; 2. Salas de aula, relações de ensino; 3. Discutindo pontos de vista; 4. A emergência do discurso na escritura inicial, dividida em A — Observando as marcas, delineando as pistas; e B — Trabalhando a leitura e a escritura como prática discursiva; 5. Interlocutores: Bibliografia; e 6. Anexos.

O texto da primeira parte do estudo se inicia definindo o campo de ação: "Leitura, livros, alfabetização, escrita, escolarização...", para depois instigar os leitores com perguntas: "Quais são, efetivamente, as condições atuais de leitura e escrita no contexto das sociedades letradas onde domina a indústria cultural? E, nessas condições, quem pode possuir e dominar esse objeto cultural, instrumental, que é a escrita? Nessas condições, ainda, quem lê? Quem escreve? Para quê? E por quê?".

Chamando a atenção para a seletividade da escola, os conteúdos e métodos de trabalho que marcam o fazer alfabetizador, a autora chama a atenção também para as condições de trabalho para alfabetizar e para as condições de vida de professores e alunos. Questões sociais e suas implicações político-econômicas são abordadas, ao lado do questionamento à chamada democratização do ensino.

Smolka situa de modo breve as principais ideias que compunham o cenário do chamado fracasso escolar: educação compensatória associada à deficiência das crianças, à carência cultural, a panaceia da educação pré-escolar, e "os 'métodos' decorrentes dessa política que não haviam, efetivamente, diminuído os índices de evasão e da repetência escolar" (p. 2). A autora ressalta também que ao mito da incapacidade da criança seguiu-se o mito da incompetência do professor. Aparecem os cursos de treinamento e manuais para os professores. O livro didático ocupa o cenário como imprescindível: "virou programa, e mais do que programa, virou método" (p. 2), passando a ter o "estatuto da cientificidade" e, assim, "sua utilização passou a ser inquestionável", como também acentua a autora.

No caminho traçado, outros aspectos são levantados. A escola, para dar conta de compreender o fracasso, aposta em diferentes patologias para tarjar as dificuldades das crianças, em geral associadas à (i)maturidade das crianças verificadas com testes que medem pré-requisitos para a criança se alfabetizar.

Muitos estudos internacionais que vinham sendo desenvolvidos e veiculados na década de 1980 sobre a aquisição da escrita são citados, revelando aspectos novos da alfabetização. Com diferentes vinculações teórico-metodológicas, os estudos implicavam diferentes consequências pedagógicas. A pesquisa de base psicolinguística de Emilia Ferreiro ganha relevo nessa parte e é destacada como pioneira, inovadora, ao revelar aspectos ainda não considerados em estudos sobre os processos de aquisição da linguagem escrita. Smolka salienta que as concepções e preocupações lançadas por Ferreiro começam naquela época "a fazer parte do discurso oficial no Brasil" (p. 4-5).

Não é nosso intuito percorrer a tese toda, já que os estudos da coletânea de textos, de diferentes maneiras, dialogam com a pesquisa. Consideramos importante ressaltar alguns aspectos nessa primeira parte do trabalho, relevantes para o entendimento dos caminhos percorridos e dos resultados alcançados na pesquisa. Após os destaques, apresentamos os artigos que compõem a coletânea.

A intenção da pesquisadora desde 1980 era investigar estratégias usadas por crianças pré-escolares para interpretar a escrita do meio em que viviam. Procurava também conhecer os conceitos que essas crianças desenvolviam sobre a escrita, anteriormente a uma instrução formal. Não vamos detalhar o encontrado, mas o estudo evidenciou a influência das condições de vida das crianças no processo de elaboração e construção do conhecimento do mundo; aí incluída a importância da presença de pessoas adultas como interlocutoras e informantes das crianças, ou seja, o aspecto fundamental da interação social.

A base teórica marcadamente piagetiana com que a autora trabalhava na época contribuía pouco com a sua compreensão para enfrentar os aspectos apresentados no parágrafo anterior. A complexidade de seu objeto de pesquisa ia-se ampliando, gerando novas demandas teórico-metodológicas. Nessa busca de novos sentidos para a pesquisa, chega à perspectiva da Análise do Discurso. Novas investigações e ações com professoras, novos conflitos e questionamentos, e a necessidade de situar e contextualizar melhor o projeto de pesquisa. Perguntas contribuíram para definir melhor os objetos da investigação. E cada vez mais se observava a necessidade de se buscar conhecer e compreender os processos de leitura e escritura no jogo das interações sociais (p. 5).

Os problemas levantados puderam ser olhados de novos modos com base na teoria da enunciação de Bakhtin e na Análise do Discurso francesa, bem apresentada e representada no Brasil por Eni Orlandi. Nessa direção, a leitura e a escrita, implicadas no processo de alfabetização, são vistas como momentos discursivos e o próprio processo de aquisição da escrita, como uma sucessão de momentos discursivos de interlocução, de interação. As relações de ensino e seus participantes ganham relevância fundamental para a compreensão de uma perspectiva discursiva do processo de alfabetização, em 1987.

A autora do estudo que festejamos com este livro, Ana Luiza Bustamante Smolka, também retorna à sua obra para escrever o artigo que abre a coletânea: *Da alfabetização como processo discursivo: do discurso ao gesto na relação de ensino*. Um modo de estender suas reflexões, continuando a nos abastecer com suas ideias férteis, criadoras. Um presente.

E nossas convidadas, de que tratam em seus artigos? Que aspectos do trabalho de Smolka privilegiaram? Como, afinal, dialogaram com o estudo? Os convites foram feitos considerando vínculos acadêmicos que as professoras estabeleceram com a autora em algum período de suas vidas.

No artigo *A alfabetização como processo discursivo em perspectiva*, Adriana Lia Friszman de Laplane faz uma releitura do livro de Smolka, revisitando aspectos das concepções de desenvolvimento e de linguagem, das políticas de educação e algumas das relações entre essas e as práticas de ensino e de avaliação, observando a gama significativa de autores referenciados, começando por Piaget, marco de referência na década de 1980. Laplane destaca a visão crítica da autora em relação à escola revelada pelo amálgama criativo dessas múltiplas referências teóricas combinadas em suas análises. Elas contêm também os princípios que fundamentam a construção de práticas de linguagem significativas, capazes de dialogar com os saberes e os interesses das crianças e de envolver diretamente os atores do processo educativo.

Com o propósito de aprofundar a compreensão das implicações pedagógicas da concepção de alfabetização como processo discursivo, Ana Lúcia Horta Nogueira apresenta situações de sala de aula. No artigo *Notas sobre as implicações pedagógicas da concepção de alfabetização como processo discursivo*, o intuito é problematizar o processo de apropriação da linguagem escrita como prática discursiva e como domínio de um sistema simbólico cultural. Sem pretensão de encerrar a discussão, e tendo em vista que a questão da mediação pedagógica é um aspecto bastante discutido no artigo, a autora ainda questiona: como o trabalho com a linguagem e o movimento discursivo podem ser intensificados pelas práticas de alfabetização? A autora argumenta que a possibilidade de instaurar práticas de linguagem oral e escrita em salas de alfabetização depende, sobremaneira, do que é produzido e prevalece nas relações de ensino em cada contexto. As relações de ensino são cotidiana e dialeticamente constituídas nas condições históricas concretas, nos modos de participação e interação de alunos e professores, nas concepções, observações e ações dos professores. Essas relações são delimitadas, ainda, por questões institucionais mais amplas, prefigurada por teorias e tradições pedagógicas, pelas prescrições e regras do ofício, entre inúmeros outros aspectos que afetam processos educativos e o *trabalho de ensino*.

A proposta do artigo *Estudos do discurso como referência para processos de alfabetização em perspectiva discursiva*, de Cecília M. A. Goulart e Andréa Pessôa dos Santos, envolve a caracterização do estudo da análise de discurso francesa, conforme contemplada na tese de Smolka (1987). Tendo também no horizonte a teoria da enunciação de Bakhtin, as autoras selecionam algumas marcas na análise da prática de sala de aula organizada por Smolka que indiciam espaços político-pedagógicos em que ela se apoiou para considerar a importância da dimensão discursiva da alfabetização. Por fim, dialogando com o material produzido na sala de aula, e acompanhando a produção das crianças, consideram que aproximar a perspectiva discursiva da noção de letramento acaba por empobrecê-la.

Cláudia Maria Mendes Gontijo entende que a reflexão crítica sobre a obra de Smolka é um desafio necessário no atual contexto político, educacional e econômico pelo qual passa o nosso país. Elabora o artigo *Apontamentos sobre o livro "A criança na fase inicial da escrita: a alfabetização como processo discursivo"* e enfatiza que tem como propósito homenagear uma das mais brilhantes possibilidades de pensar a alfabetização para além de aspectos meramente linguísticos, ressaltando, como anuncia o título, *processos discursivos*. O artigo organiza-se em três partes. Na primeira, o objetivo é compreender os pontos de partida da obra, destacando as mudanças nas relações de ensino-aprendizagem. Na segunda, as controvérsias no campo da alfabetização ganham espaço, observando-se como a obra pode ser situada em meio às polêmicas. Na terceira, são apontados elementos da pesquisa que podem contribuir para repensar a alfabetização.

O objetivo do artigo de Lázara Nanci de Barros Amâncio e Cancionila Janzkovski Cardoso é situar, historicamente, no contexto das principais discussões sobre alfabetização no Brasil, a obra *A criança na fase inicial da escrita: a alfabetização como processo discursivo*, a fim de evidenciar aspectos de sua contribuição, após trinta anos de sua divulgação. Em *Alfabetização como processo discursivo: um "modo de fazer" diferente*, as autoras ressaltam que o estudo surge num momento de calorosas discussões sobre políticas de avaliação da escola brasileira, com foco na alfabetização e sua expansão, baseado em determinada concepção de ensino e aprendizagem, adotada de modo hegemônico em diferentes sistemas de ensino de redes estaduais e municipais. A obra tornou-se um marco conceitual para o campo da alfabetização, apresentando-se como alternativa ao modelo hegemônico. Destacam da obra os seguintes autores como emblemáticos para uma reflexão sobre a alfabetização no Brasil: Magda Soares; João Wanderley Geraldi; Emilia Ferreiro e Ana Teberosky.

O artigo de Lila Cristina Guimarães Vanzella focaliza o relevante e inspirador *Projeto de Incentivo à Leitura (P.I.L.) — Subsídios Metodológicos para Professores da Primeira Série do Primeiro Grau* que foi coordenado por Ana Luiza Bustamante Smolka no período de 1983 a 1985, e desenvolvido em escolas da rede pública do município de Campinas. Com base no desenvolvimento e acompanhamento desse projeto é que a tese de Smolka foi elaborada. O mesmo projeto foi objeto de pesquisa na dissertação de Vanzella (Vanzella, 1996), na perspectiva de compreendê-lo como uma proposta de formação do professor alfabetizador. O P.I.L. tinha como campo de atuação tanto professores em formação (estudantes do curso de pedagogia da Faculdade de Educação da Unicamp) como professores em serviço (profissionais da rede oficial de ensino). A base do projeto eram estratégias pedagógicas que tivessem o jogo e a literatura infantil como procedimentos centrais, visando esclarecer e facilitar o aprendizado da leitura e escrita, antes e durante o processo formal de alfabetização e pesquisar o processo de aquisição da linguagem escrita. A proposta de Vanzella no artigo é recuperar parte da história do Projeto em relação ao trabalho desenvolvido junto ao professor, tanto aquele em cuja classe o projeto ocorreu e que dessa forma se submeteu a um processo de formação continuada, como para aquele estudante que participou do P.I.L. durante o seu processo de formação acadêmica. O Projeto cresce e se desenvolve no contexto da luta por condições políticas de trabalho e de valorização profissional.

Entre a escrita sensível de dois episódios ocorridos com duas crianças, em tempos distintos, e a releitura de *A criança na fase inicial da escrita: a alfabetização como processo discursivo*, Conceição Fonseca constrói seu capítulo intitulado "Alfabetização, letramento e numeramento: conceitos para compreender a apropriação das culturas do escrito". Dois episódios: um, tecido na memória afetiva da própria autora, revisitando a criança que ela foi, nos anos duros da ditadura no nosso país, em que a leitura da agressão à nossa democracia é feita pela linguagem figurada, pelos gestos, suspiros proferidos pelos adultos. Outro episódio, em que a criança, sem compreender inteiramente o funcionamento da matemática — como conhecimento curricular —, intui a força da argumentação para mobilizar seu discurso a seu favor. A esses usos da linguagem, a autora convoca ainda aqueles mobilizados nos textos das crianças, do livro de Smolka, e abre suas reflexões para as práticas de leitura e escrita que ressignificam "os jogos de poder e verdades nelas e por elas estabelecidos", no espaço interlocutivo da comunicação. Destaca na análise das práticas socioculturais — entre elas, a do numeramento — o processo de apropriação dessas e de tantas outras crianças, na fase inicial da escrita, constituído pelo intuito discursivo, pela força do querer dizer, pela negociação de sentidos.

Maria do Rosário Longo Mortatti se pergunta como contribuir para a compreensão da tese de Smolka sem explicitar o sentido que lhe atribui em sua formação e na história da alfabetização no Brasil e sem recuperar a memória de aspectos de suas condições de produção no contexto histórico, social e acadêmico de que foi contemporânea. Afirma que seu texto, *O discurso "fundador" de Smolka: alfabetização e produção do conhecimento como processos discursivos*, nasce *de* e *em* um lugar de entrecruzamento de processos discursivos, entre paráfrase e polissemia, na interlocução com

Smolka e seus interlocutores, entre dúvidas e interdições. Apresenta reflexões sobre a inter-relação de tema/problema, método de abordagem, categorias de análise, referenciais teóricos utilizados e estrutura/forma da tese, em diálogo com o contexto político, social e educacional da década de 1980 e com a produção (brasileira) sobre alfabetização.

O artigo *A criança na fase inicial da escrita: notas sobre sua circulação no curso de pedagogia-FE/Unicamp*, de Norma Sandra de A. Ferreira e Lilian Lopes Martin da Silva, aborda a obra de Smolka na perspectiva de sua difusão, seu pertencimento às esferas de comunicação que o disseminam. Busca revelar aspectos do ciclo percorrido desde sua produção, editoração, impressão, passando por sua difusão, circulação até a recepção. As perguntas que serviram de guia foram: o livro circulou no curso de Pedagogia da Faculdade de Educação da Unicamp nos primeiros dez anos (1988-1998) de sua publicação? Considerando que, no ensino superior, os programas de disciplinas, entre outras coisas, *podem* e *costumam* apresentar livros e autores indicados para leitura, o que será possível afirmar sobre essa circulação, a partir dos programas? De quantas formas esse texto se apresenta aos leitores nesses programas? Com quais finalidades? Em companhia de quais autores? De que formas o professor atua na regulamentação e na normatização do uso dessa obra?

Ao concluirmos o texto de apresentação da coletânea, voltamos a destacar a relevância da tese de Smolka, por seus resultados contundentes, por sua originalidade, por sua rigorosa e vigorosa base teórico-metodológica, por seu compromisso com a alfabetização e a educação brasileira e por sua relevante contribuição à área da alfabetização e do discurso. Trinta anos depois, podemos considerar que o caminho aberto pelo estudo não alcançou a abrangência suficiente para reverter os ainda dolorosos índices de analfabetismo absoluto e analfabetismo funcional. Lições antigas, fundamentadas em estudos linguísticos, psicológicos e sociológicos estruturais, vêm prevalecendo alinhadas com concepções de sujeito, linguagem, conhecimento e ensino-aprendizagem que cerceiam um trabalho alfabetizador em que a engenhosidade e a criatividade das crianças possam dar espaço a novas formas de aprender e novas formas de falar, ler e escrever.

Propomos uma escola mais lúdica, no sentido que Cortázar dá ao termo:

> O lúdico, não entendido como jogo de cartas ou partida de futebol: entendido como uma visão na qual as coisas deixam de ter suas funções estabelecidas para assumir muitas vezes funções bem diferentes, inventadas. O homem que habita um mundo lúdico é um homem colocado dentro de um mundo combinatório, de invenção combinatória, que está continuamente criando formas novas. (Cortázar. In: Prego, 1991, p. 126)

Novas formas de aprender, de ensinar, de viver: quem sabe contribuímos para transformar o Brasil num país mais justo? Chegou a nossa vez de fazer o convite: venham com Ana Luiza e conosco encontrar novas janelas para ler o livro *A criança na fase inicial da escrita: a alfabetização como processo discursivo* (Smolka, 1988).

Referências

FERRARO, A. R. A trajetória das taxas de alfabetização no Brasil nas décadas de 1990 e 2000. *Educação & Sociedade*, Campinas, v. 32, n. 117, p. 989-1013, Out./Dez. 2011.

PREGO, O. *O fascínio das palavras* — entrevistas com Julio Cortázar. Trad. Eric Nepomuceno. Rio de Janeiro: José Olympio, 1991.

SAVIANI, D. *História das ideias pedagógicas no Brasil*. Campinas: Autores Associados, 2007.

SMOLKA, A. L. B. *A Alfabetização como processo discursivo*. Tese (Doutorado em Educação) — Faculdade de Educação, Universidade Estadual de Campinas, Unicamp. Campinas: São Paulo, 1987.

_____. *A criança na fase inicial da escrita:* a alfabetização como processo discursivo. 1. ed. São Paulo: Cortez, 1988.

VANZELLA, L. C. G. *Projeto de Incentivo à Leitura*: uma experiência de formação do professor alfabetizador. 1996. Dissertação (Mestrado em Educação) — Faculdade de Educação, Universidade de Campinas, 1996.

Da alfabetização como processo discursivo: os espaços de elaboração nas relações de ensino

Ana Luiza Bustamante Smolka

Preâmbulos

Falar hoje da "Alfabetização como processo discursivo" me leva a refletir sobre o movimento das ideias, sobre os modos de elaboração do conhecimento e de celebração da memória, sobre os muitos modos de participação das pessoas na construção histórica do conhecimento. Leva-me a retomar, dentre tantos textos, "A Memória Coletiva", de Maurice Halbwachs; "Memória e História" de Jacques Le Goff; "A Memória, a História e o Esquecimento", de Paul Ricoeur. Traz-me ainda à lembrança "o Narrador" de Walter Benjamin, e as artes do narrar...

Entre as lembranças que afloram e o esforço voluntário de rememoração, o trabalho de memória como (re)significação do vivido produz um sentimento de perdição. Vivencio os *"suplícios da criação"*, como aponta Vigotski (2009), perante a proposta de escrever sobre um trabalho realizado há mais de trinta anos. Imagens, afetos e ideias transbordam enquanto as palavras escapam... Os dizeres de Mandelstam, escolhidos por Vigotski como epígrafe no último capítulo de Pensamento e Palavra também ressoam: *"Esqueci a palavra que eu queria dizer. E meu pensamento, desencorpado, retorna ao reino das sombras..."* Mas encontro eco no dizer de Clarice (Lispector): "Quero escrever movimento puro".

É no lusco-fusco, portanto, na (con)fusão de imagens, ideias e afetos que busco (re)elaborar os sentidos dos dizeres e das palavras (já) ditas. Nesse (in)tenso movimento de sentimentos contraditórios, vivencio a constituição dramática de "ser escrevente". Ordenar o pensar em movimento, encontrar palavras e letras, dominar ou recordar a grafia, disciplinar desejos, linearizá-los e coordená-los — racionalmente, gramaticalmente — em gestos já tão incorporados, tão automatizados, esses gestos implicados no ler e no escrever; gestos (con)sentidos, que fazem as palavras brotarem pelos dedos. Essa vivência corporal do trabalho simbólico de escritura tensiona os músculos, provoca suspiros, acelera a respiração, faz transpirar. Pensar em como desentranhar *influxos de sentidos* (Vygotsky, 1987) é como tentar encontrar a ponta do fio de Ariadne. Esse trabalho *e-mociona*.

Entre a experiência vivida, já narrada, registrada e refletida, e essa (mesma?) experiência a ser agora reelaborada, o *tempo*. *"Toda memória envolve o tempo"*, dizem filósofos e escritores — Aristóteles, Agostinho, Bergson, Proust, Ricoeur...

A ponta de um fio se esboça quando me vem à lembrança a arguição de um professor[1] na banca de doutorado, questionando os "espaços de elaboração" de que eu tanto falava na tese (e ele não conseguia *localizar*). Ele propunha uma retomada da caminhada considerando não os espaços da experiência compartilhada, que seriam exteriores aos sujeitos, mas a intensidade da vivência no tempo...

Naquela época, eu ainda não tinha conhecimento do conceito de *cronotopo*, tal como apresentado e discutido por Bakhtin, o que possivelmente me teria dado condições de responder, de maneira mais assertiva, às provocações do professor (ou teria me dado condições de escrever outro texto?). E ele fez ainda outras provocações: como eu, "pedagoga apaixonada", proclamando a necessidade de alfabetização das crianças, imaginava o trabalho de alfabetizar em um porvir em que o desenvolvimento das tecnologias e a predominância das imagens visuais transformariam as

---

1. Prof. Laymert Garcia dos Santos.

condições de ler e de escrever, de tal modo que se poderia prescindir desse trabalho? Atuando no campo das *tecnologias da comunicação*, ele antevia ou apostava em possíveis mudanças; batalhando no campo da *educação*, eu defendia e insistia na alfabetização das crianças...

Distanciada no tempo, vejo como minha insistência estava relacionada aos modos de conceber os *"espaços de elaboração"* (1987, p. 59), conceito que foi emergindo nas discussões das práticas escolares e na réplica a dois outros conceitos — o de "conflito cognitivo" (Piaget, Ferreiro) e o de "defasagem" na apreensão do caráter simbólico da escrita (Vigotski, Luria) — ; num deslocamento do olhar das (condições de) restrições ou de (im)possibilidades da criança para as *"relações de ensino"*, para o trabalho de elaboração conjunta e de produção de conhecimento que se torna possível na dinâmica das *interações* em sala de aula.

Sem menosprezar, portanto, as importantes contribuições teóricas e analíticas dos autores mencionados — que procuravam investigar os modos de operação cognitiva ou o funcionamento mental das crianças, e cujas ideias ainda ancoram ou inspiram nossos estudos —, a nossa preocupação estava em orientar o olhar para as condições e possibilidades de *realização do trabalho de ensinar a ler e a escrever*, levando em conta a dimensão inter/intrapessoal e discursiva do conhecimento humano.

A questão era: ao conhecer e observar os meios/modos das crianças se relacionarem com a escrita no contexto da sociedade letrada, *o que fazer em sala de aula?* E como esse *"fazer" pedagógico* — palavras, gestos, recursos etc. — poderia (trans)formar os modos de apropriação da forma escrita de linguagem pelas crianças, os modos de elas se constituírem leitoras/escritoras, ampliando e mobilizando seus modos de participação na cultura, na história.

É importante admitir, contudo, que o "conceito-ainda-em-elaboração" de "espaços de elaboração" adquire, sim, configurações diversas ao longo do texto[2]. Enfaticamente reiterado, mas não claramente circunscrito ou

---

2. Espaço de elaboração como lócus de controvérsias e dilemas pedagógicos, p. 58; espaço de interlocução, p. 84; espaços de elaboração e movimentos de transformação do discurso social, p. 80; espaço de troca de ideias e conhecimento, p. 89; condição — momento e espaço da interlocução, p. 92;

explicitado, ele traz as marcas das muitas tentativas de delinear e conceituar diversos movimentos — interacionais, enunciativos, cognitivos, dialógicos, discursivos... — implicados nas práticas sociais, nas práticas educativas, nas práticas escolares.

Ao buscar as raízes ou a gênese desse esforço de conceituação, re-conheço diversas fontes de inspiração. Dentre elas, as considerações de Bourdieu (1996) sobre o "espaço social", "espaço simbólico", "espaço das posições sociais", "espaço das disposições", "espaço dos estilos de vida". Também as discussões de Maingueneau (1984) sobre os "espaços de trocas semânticas", os "espaços de regularidades enunciativas", os "espaços discursivos". Ainda, o espaço de negociação de sentidos dos atores em relação, de Goffman (1974). Essas concepções entram em diálogo com os estudos etnográficos (Clifford Geertz, Dell Hymes, Frederick Erickson, dentre outros), e também com o conceito vigotskiano de "zona" de desenvolvimento (potencial, proximal; hoje, iminente) (Vygotsky, 1978; Vigotski, 1984).

Distintos nas perspectivas e nos campos teóricos, esses conceitos contribuíram para se pensar a configuração de *"espaços de elaboração nas relações de ensino"*, no campo da educação. *Espaço*, portanto, que implica a escola enquanto instituição social, a sala de aula como lugar de atuação e de investigação, a linguagem como forma de interação, o ensinar/aprender como atividade humana compartilhada, a prática discursiva como possível lócus de análise. *Espaço*, no entanto, que se apresenta como lugar de dificuldade conceitual e analítica (campo, espaço, lugar, posição), gerando intensas discussões sobre o *estatuto das interações nas práticas sociais*, sobre o *estatuto da linguagem, do sujeito e do outro nas interações*.[3]

---

ocupação desses espaços de leitora/escritora, p. 93; movimento interdiscursivo porque trabalhado no espaço de elaboração de interações enunciativas, na relação dialógica entre as crianças, p. 97; espaço de regularidades que não são imutáveis e podem ser negociáveis. As transformações sócio-históricas se produzem nesses espaços, p. 111... (Smolka, 1988).

3. O conceito de *interação* se refere, prioritariamente, à ação recíproca ou influência mútua de dois ou mais corpos ou organismos. Nas Ciências Humanas e Sociais, interação tem sido tomada como pressuposto das relações das pessoas entre si e dessas com o mundo. Pode se referir às diversas formas de intercâmbio e negociação entre pessoas, incluindo a comunicação face a face. O conceito de *interação social* implica, portanto, que as pessoas se afetam umas às outras; que as ações de umas

Essas contribuições teóricas e conceituais nos incitam hoje a conceber os *espaços de elaboração* nas *relações de ensino* como *cronotopos* (Bakhtin, 1981a), ou seja, como unidades de referência (e de análise), como *acontecimentos* que condensam as relações espaço-temporais, permitindo compreender o *tempo* em sua interconexão com um *espaço* específico, mas um *espaço* saturado com *tempo* histórico (Bakhtin, 1981b, p. 84,85). Nesse sentido, sugere e inspira assumir o próprio texto, resultante de um trabalho coletivo de ensino e pesquisa, como um cronotopo — *"momento de enunciação social, do qual participam muitas e muitas vozes"*.

É por esse prisma, então, que se torna desafiador colocar em perspectiva o trabalho realizado há quase quarenta anos. A narrativa analítica e a elaboração conceitual do trabalho de atuação e investigação na escola, possíveis naquele momento e tecidos na trama de diversas vozes, produzem uma síntese — *cronotópica*, polifônica.

Da gênese e emergência de uma proposta de trabalho — fragmentos

Refletindo sobre como emergiu e se tornou viável uma proposta discursiva de alfabetização, e inspirada pela noção de *cronotopo* como unidade espaço-temporal de significação e análise, escolho mencionar,

---

provocam (re)ações em outras. A linguagem tem sido considerada uma forma de (inter)ação social, em diversos campos e perspectivas teóricas. O estudo de Laplane (2000) sobre Interação e Silêncio na Sala de aula apresenta uma abrangente e compreensiva revisão da literatura, mostrando a diversidade das posições teóricas, na sociologia, na antropologia, na psicologia, nos estudos da linguagem, na sócio e na psicolinguística, na educação, nos estudos etnográficos. Ver também Morato (2004).

O conceito de *relação*, por sua vez, apresenta uma abrangência maior, incluindo muitas formas possíveis de (oper)ação, não necessariamente recíprocas — ligar, articular, criar e estabelecer conexões, vínculos, comparações, oposições etc. —, entre pessoas, objetos, palavras, acontecimentos... no mundo. A linguagem, como interação social é, assim, uma forma possível de relação. No entanto, interação e relação podem coincidir ou se distinguir em suas nuances. Do nosso ponto de vista, as *relações de ensino* não se reduzem ou se restringem às *interações* — imediatas ou circunstanciais — em sala de aula. As interações não dizem respeito apenas às situações de comunicação face a face e a linguagem não é vista apenas como forma de interação social. A concepção de *linguagem como atividade constitutiva* — do desenvolvimento humano, do pensamento, do conhecimento, da subjetividade — faz diferença no modo de conceber, interpretar e atuar nas relações de ensino.

como disparador de um breve relato comentado, o ano de 1975. Eu estava fora do Brasil quando tive acesso a dois livros de Paulo Freire. O primeiro, *Extensión o comunicación?*, editado no Chile, em 1969, me foi enviado por um grande amigo lá exilado; o segundo, *Pedagogy of the Oppressed*, era a 8ª edição, publicada em 1973, da tradução para o inglês, feita diretamente do manuscrito do autor brasileiro, datado de 1968, que já ressoava fortemente no exterior (Li primeiramente o texto em inglês, e posteriormente, em português. Nada como vivenciar a força das palavras na língua materna!). Nesse mesmo ano, também tive acesso à 12ª edição da tradução condensada de *Thought and Language*, de Vigotski, quando cursava uma disciplina sobre o desenvolvimento da linguagem no Programa de Mestrado na Universidade do Arizona. Paulo Freire e Vigotski. Co-incidências: interdições e banimento das obras, compromisso irrestrito com a educação de todos e de cada um. Instigantes fontes de inspiração!

Onze anos depois, 1986, nos corredores da Faculdade de Educação da Unicamp, Paulo Freire me diria que se tivesse lido Vigotski anteriormente poderia ter explorado outros aspectos do seu trabalho, da proposta de alfabetização, do conceito de conscientização. Ele se referia à frase de Vigotski: *"A palavra é o microcosmo da consciência humana"*. E trocamos ideias sobre a fala social e a fala interna, e ficamos de conversar mais sobre a fecundidade da teoria e as possibilidades de elaboração no campo da educação. Lamentavelmente, esses desejados encontros de estudo nunca aconteceram — o que me instiga a ponderar, nesse momento, sobre o conceito bakhtiniano de *dialogia* que, transcendendo espaço e tempo, mostra-se como lócus de possíveis encontros; e também a considerar aquilo que se produz como *viável histórico*, ou seja, aquilo que vai se realizando, se tornando possível nos (des)encontros da vida.

Assumindo que é no jogo das determinações históricas que vão se delineando as condições concretas da construção do conhecimento, vou rememorando interlocuções que se tornaram parte integrante dos exercícios de olhar e dos modos de conceber compartilhados.

Recém-saída de um curso de graduação em filosofia com uma tendência marcadamente fenomenológica e existencialista, foi nos Cursos de Pós-graduação em Educação, na Universidade do Arizona, que conheci a filosofia pragmática da educação de John Dewey, li os trabalhos de George Mead, entrei em contato com o interacionismo simbólico de Erwin Goffman, estudei a psicologia genética piagetiana em diálogo com a proposta vigotskiana, cursei diversas disciplinas sobre o desenvolvimento da linguagem na criança. Conheci os trabalhos de Jerome Bruner, que já anunciavam uma significativa mudança de perspectiva, na problematização do processo educacional: da instrução para a interação... Mais do que seu famoso livro *"Toward a theory of instruction"*, o texto *"The ontogenesis of speech acts"*, apontando para os movimentos de ação e atenção conjuntas na díade mãe-criança, ressoou fortemente nos meus estudos e reflexões naquele momento. Pude acompanhar acirrados debates sobre a proposta inatista de Chomsky x o associacionismo de Skinner; sobre a prevalência do cognitivo para Piaget x do linguístico para Chomsky; o argumento da construção cognitiva em Piaget x a internalização da cultura em Vygotsky. Não só a epistemologia genética, mas o método clínico piagetiano repercutiam profundamente nos modos de olhar as crianças e de fazer pesquisa nos campos da psicologia, da educação e nos estudos da linguagem. Tive ainda a oportunidade de participar de duas pesquisas em andamento, coordenadas pela professora Yeta Goodman: uma sobre a leitura, *Reading Miscue Inventory*, e outra sobre *Print awareness*, sobre o conhecimento que as crianças pré-escolares tinham da escrita.

As mais diversas questões atravessavam as políticas e as práticas no âmbito da educação — o problema do fracasso escolar, da linguagem na sala de aula, das relações pensamento e linguagem; do desenvolvimento e/ou aquisição da linguagem na criança, dos contextos de educação e escolarização das crianças pequenas, das interações professor/alunos; das escolhas dos métodos de ensino e pesquisa, dos contextos de situação e de investigação; dos contornos, dos fundamentos e das técnicas da etnografia — e constituíam um efervescente campo de estudos e debates nas interseções de várias áreas de conhecimento.

Tendo participado de debates dessas questões fora do país, eu me via, no início da década de 1980, envolvida e convocada a repensá-las no contexto da educação no Brasil. "Abertura Política", "Anistia", "Diretas já". Luta pela democratização do ensino. Mobilização da sociedade civil.

Professores em todos os níveis se organizavam ativamente em associações — ANDES, CEDES, ANPED, APEOESP... — com propostas e reivindicações nos níveis federal, estadual e municipal. A Pedagogia Crítica de Giroux, a Reprodução de Bourdieu, a concepção dialética de História e o papel dos Intelectuais Orgânicos em Gramsci, A Filosofia da Práxis de Vázquez, a Teoria das Representações Sociais de Moscovici, a crítica aos Aparelhos Ideológicos do Estado de Althusser, as Formações Discursivas de Foucault, as Formações Imaginárias de Pecheux, a crítica ao Discurso Pedagógico de Orlandi; os estudos sobre Aquisição da Linguagem de De Lemos, assim como as discussões sobre o ensino da língua e as concepções de leitura e produção de textos em Geraldi, acirravam e enriqueciam os debates no campo da educação. Provocavam mudanças no "mirante" (Löwy, 1987), demandavam aprofundamento teórico, produziam reelaborações...

Na microesfera, nosso trabalho de leitura e literatura, que se realizava no contexto da educação pré-escolar, repercutia no processo de escolarização formal. Atendendo a diversas demandas, elaboramos uma primeira proposta de caráter coletivo, com os objetivos de investigação e atuação, envolvendo estudantes de graduação e pós-graduação, professoras da rede pública, e outros profissionais da educação (psicóloga, fonoaudióloga, arte-educadora); e começamos a trabalhar com professoras e crianças em salas de aula. Estávamos em campo, trabalhando — prática, teórica, empírica e coletivamente — o processo escolar de alfabetização.

A proposta foi assim desenhada: uma dupla de pesquisadores, geralmente um profissional mais experiente e uma aluna do curso de pedagogia, trabalhavam em parceria com as professoras e as crianças nas escolas (três da rede municipal, e três da rede estadual). O trabalho envolvia um cuidadoso planejamento — sempre que possível com as professoras responsáveis pelas turmas — das atividades a serem desenvolvidas, e incluía um relato analítico de como ele, de fato, acontecia semanalmente em sala aula. Os registros eram feitos em diários de campo e fotografias. Semanalmente, também, a equipe toda se reunia para ler, sistematizar e discutir o vasto material registrado em diálogo com as teorias. Esses estudos eram compartilhados e trazidos para discussão em seminários bimestrais com os professores das redes municipal e estadual de ensino de Campinas. O que hoje parece lugar-comum constituía enorme desafio...

Incentivando e inventando as mais diversas formas de trabalho coletivo em sala de aula, de acordo com as condições e especificidades de cada escola, de cada turma, a proposta mantinha atenção especial às estratégias individuais das crianças, buscando compreender as condições de vida de cada uma, assim como as relações singulares por elas estabelecidas para fazerem sentido da escrita.

Os dois extensos relatórios desse projeto nunca foram publicados. Cópias foram enviadas às Secretarias de Educação, às redes de ensino, às agências de fomento, e disponibilizados na biblioteca da FE, em dois volumes encadernados com espiral, que já se esvaíram. *Hoje, eu me pergunto: por que não foram publicados? Uma resposta para mim mesma é que a partir deles, eu comecei a trabalhar o texto da tese de doutorado. E ela é, de fato, um condensado desse trabalho coletivo. Mas me incomoda e me intriga, hoje, pensar nas pérolas que temos nesses relatórios, nas experiências que permanecem contidas nesses exemplares, que deixaram de ser mais amplamente compartilhadas...* (Memorial LD, 2012, p. 12-14).

* * *

Quando propusemos, há três décadas, *a alfabetização como processo discursivo*, era para a linguagem como produção humana, histórica, cultural, como prática social da qual as crianças participam e dela se apropriam, que chamávamos atenção. Era importante, naquele momento, radicalizar a crítica ao que víamos como métodos estéreis de alfabetização, a repetição de sílabas "sem sentido". E apostávamos que poderia ser diferente, que os sentidos dessa aprendizagem poderiam ser outros, que aprender a escrita na escola poderia fazer/trazer outros sentidos para as crianças.

Trabalhando com professoras e crianças em sala da aula, víamos como possível ensinar os aspectos considerados "técnicos" e "mecânicos" da escrita — as letras, os nomes das letras, os sons das letras, as diversas relações entre letras, palavras, texto etc. — enquanto *formas de dizer*. Ressaltávamos a importância de se *aprender a ler e a escrever como enunciação, como movimento enunciativo, discursivo*. Não havia pré-requisitos. Havia múltiplas formas de leitura, de relações com a escrita e de produção de textos. E isso rompia com a ideia de linearidade do desenvolvimento, a ideia de prontidão, as sequências pré-estabelecidas de ensino etc.

Tratava-se de mobilizar o desejo, construir a vontade, explorar possíveis sentidos de aprender a ler e a escrever, e perceber e viabilizar os alcances e possibilidades dessa atividade humana.

O diálogo detido, intenso, interminável, com os textos — então acessíveis — de Vigotski e Bakhtin, os debates sobre a fala egocêntrica e a fala interna, a concepção de linguagem como atividade constitutiva, foram as âncoras teóricas para "enxergar" nos "tropeços" e "desconcertos" da escrita inicial das crianças a *dimensão discursiva* da alfabetização. A *dimensão discursiva* emergia, assim, de um certo modo de conceber a linguagem e o desenvolvimento humano, de se conceituar as intrínsecas relações entre o desenvolvimento humano e a linguagem como produto/produção histórica constitutiva desse desenvolvimento.

Concebíamos e elaborávamos o *gesto de ensinar a forma escrita de linguagem* como uma *possibilidade de compartilhar diversas formas de dizer por escrito para o outro e para si*. Esse movimento, essa *atividade conjunta*, implicava um significativo *trabalho simbólico*, uma complexa, dinâmica, polifônica *relação dialógica*, que envolvia, por sua vez, uma diversidade de relações e posições sociais, vivenciadas, imaginadas, que ganhava corpo e concretude nas incansáveis tentativas e gestos de narrar pela escritura.

Agudiza-se hoje a percepção de quão pouco conhecíamos dos trabalhos de Vigotski e de Bakhtin na primeira metade da década de 1980... E dou-me conta de como aquele pouco que conhecíamos possibilitou a formulação de tão fecundas hipóteses de trabalho... E novamente me vejo na década de 1980, incansavelmente mergulhada no último capítulo da versão condensada de *Pensamento e Linguagem*, lendo avidamente *Marxismo e filosofia da linguagem* de Bakhtin/Voloshinov, assim como o texto de Carlos Franchi sobre a *Linguagem, atividade constitutiva*... E penso em como a perspectiva desses autores repercutem ainda tão profundamente no trabalho nosso de cada dia...

O "discursivo" como lócus de controvérsias

Ao longo dessas três décadas, a ideia de "alfabetização como processo discursivo" foi se disseminando de diversas formas, concomitantemente à emergência e divulgação do termo *letramento*, em evidência e expansão sobretudo a partir da década de 1990 (Kato, 1986; Kleiman, 1995; Soares, 1998; Mortatti, 1999, 2014; Rojo, 1998). Os sentidos de *discursivo* foram também se (trans)formando nos embates e debates de teorias e práticas em circulação.

Em um mapeamento recente das tendências e concepções de alfabetização presentes em documentos e propostas curriculares municipais e estaduais, Leal et al. (2014) indicam que um alto percentual (84%) desses documentos faz referência à abordagem "sócio-interacionista" e a autores como Vigotski e Bakhtin.

É interessante notar que à amplitude da referência a esses dois autores não corresponde a menção ao "processo discursivo" na alfabetização das crianças. Ou seja, dentre os sentidos possíveis de alfabetização atualmente, o "discursivo" parece não adquirir relevância, pelo menos na esfera da produção acadêmica; ou parece dissolver-se no sócio-interacionismo[4]. Talvez pudéssemos indagar: quais sentidos ressoam hoje quando se fala de "discursivo" no processo de alfabetização?

No âmbito da academia, um dos núcleos de elaboração de uma perspectiva discursiva da alfabetização — Grupo de Pesquisa "Linguagem, Cultura e Práticas Educativas" da UFF, (Goulart, 2013, 2014) — tem adensado e expandido, de maneira consistente, os argumentos teóricos bem como o trabalho prático e empírico, com base nos estudos aprofundados da teoria enunciativo-discursiva de Bakhtin.

Diversos textos, no entanto, apontam para os mais variados e vagos entendimentos. Lócus de controvérsias, o *discursivo* tem sido interpretado como o *espontâneo*, o *interativo*, o *abrangente*, o *inespecífico*, o *assistemático*, o *circunstancial*; às vezes tem sido confundido com o *linguístico*, nas práticas de alfabetização. Esses modos de interpretação apontam para dois pontos de dificuldades: um, relacionado ao próprio conceito de *discurso*,

---

4. Não cabe no escopo deste texto as importantes discussões sobre sócio-interacionismo, socioconstrutivismo, sociocultural, sócio-histórico, histórico-cultural, histórico-crítico. Se todas essas perspectivas fazem referência a Vigotski, nem todas acatam a teoria enunciativa de Bakhtin ou dão relevância ao discurso e à linguagem no desenvolvimento humano. Ou seja, o estatuto da linguagem nos diversos posicionamentos teóricos é distinto.

o que envolve as polêmicas sobre o estatuto da linguagem e do sujeito nas relações sociais; outro, relacionado ao *método*, o que diz respeito aos modos de proceder nas relações de ensino.

Com relação ao *discurso*[5], vemos como as mais diversas conceituações e teorizações evidenciam que "a polissemia do termo pode mostrar-se muito perturbadora" (Maingueneau, 1989). Ao mesmo tempo que ancoram a proposta discursiva, os dois principais autores de referência do nosso trabalho, estudiosos da linguagem em campos distintos de conhecimento, explicitam as contradições[6]: "A palavra é o meio mais puro e sensível de relação social, é o material privilegiado da comunicação cotidiana, o material semiótico da vida interior, arena de luta...", nos diz Bakhtin. "A palavra é o microcosmo da consciência humana..." No entanto, ela "é uma fonte inesgotável de novos problemas... seu sentido nunca é completo...", nos alerta Vygotsky." (Smolka, 2010)

Com relação ao *método*, as ideias de *espontâneo, inespecífico, assistemático*, parecem ir na direção oposta ao sugerido: se não há a proposição de um "método de ensino", o *processo discursivo* implica o conhecimento, a sensibilidade, a compreensão da complexidade e das incontáveis

---

5. Esse foi tópico de estudos e debates específicos por longo tempo no grupo de pesquisa. "O discurso está em voga agora. Tem estado particularmente em voga nas últimas três ou quatro décadas. Se o termo discurso, em sentido amplo, tem uma longa história e implica o raciocínio, isto é, as relações pensamento e linguagem, este "conceito recalcitrante" (Henriques, 1984, p. 105) apresenta hoje uma diversidade de significados e uma variedade de usos, dependendo dos diferentes campos de conhecimento e dos múltiplos modos de abordagem do problema. Qualquer produção de linguagem pode, em tese, ser considerada discurso e pode se tornar objeto de investigação. A questão então é: como a linguagem/discurso se torna objeto de investigação, por quê, para que, com que objetivos e como tem sido analisado, em quais quadros de referência. Nas interseções da Psicologia com os Estudos da Linguagem, a Sociologia, a Antropologia, a Filosofia etc., temos hoje tantas perspectivas e nuances conceituais que nos vemos forçados a proceder a uma cuidadosa análise das muitas vozes que tem contribuído e participado (dos debates)." (Smolka, 1996)

6. Como amplamente argumentado no texto, a proposta da *Alfabetização como processo discursivo* se ancorou, prioritariamente, nas contribuições de Vigotski e Bakhtin; Pecheux e Orlandi. Temos aqui mais um lócus de controvérsias: como "conciliar" teoricamente posições e campos distintos? "Os estudos em Análise do Discurso, as primeiras leituras de Bakhtin, a retomada de textos de Vigotski e a busca de outros textos que começavam a ser traduzidos, como o Concrete Human Psychology (1986), impulsionaram releituras de Marx, Politzer, Foucault, Pecheux... Como articular os estudos em Psicologia e Educação com os Estudos da Linguagem, a Análise do Discurso? Eu encontrava coincidência nos princípios..." (Memorial, 2012, p. 18)

possibilidades de articulações feitas pelas crianças, que podem se tornar viáveis e visíveis nos *espaços de elaboração — de (trans)formação, de criação do novo — nas relações de ensino*. O foco, então, está nos *modos de proceder* — em *como* organizar, propor, orientar, escutar, interpretar, sistematizar, mostrar, argumentar, compartilhar etc. — ou seja, nos modos de *significar* as formas singulares de produção de conhecimento com e pelas crianças no coletivo de trabalho.

Buscando compreender, ainda, as dificuldades conceituais nessa *arena de lutas*, podemos perceber como o surgimento do termo *letramento* na duas últimas décadas, e o consequente trabalho argumentativo para sua circunscrição, vão afetando os sentidos da *alfabetização*. Enquanto *letramento* vai configurando e se referindo à prática social, à ambiência letrada, à convivência das pessoas com as formas escritas de linguagem, a *alfabetização* vai sendo (novamente?) circunscrita e reduzida a uma "forma de letramento escolar", em que predomina a ênfase e o foco nos aspectos fonéticos e fonológicos como método de ensino, muitas vezes distanciada da concepção de linguagem como prática social, significativa. Poderíamos mesmo dizer que os argumentos que delineiam o conceito de *letramento* vão "retirando" do conceito de alfabetização e "reivindicando" para esse novo termo as *dimensões social e textual* da forma escrita de linguagem, sem levar em conta o *aspecto constitutivo da linguagem no funcionamento mental*, implicados na concepção da alfabetização como processo discursivo. Alfabetizar-letrando ou letrar-alfabetizando aparecem como propostas para superar a dicotomia criada.

Consideradas do ponto de vista discursivo, no entanto, as diversas relações letra-som-fonema-grafema (aqui incluída a "consciência fonológica") implicariam o *gesto de apontar, o gesto de ensinar*, a *percepção orientada* para a dimensão sonora da língua(gem) em funcionamento, em uma exploração circunstanciada e sistematizada dos mais variados instrumentos, recursos e situações. Nessa perspectiva, a dimensão discursiva não desloca e não se descola do aspecto linguístico-cognitivo, mas o permeia e o redimensiona.

Esse ponto de vista viabiliza a compreensão das infinitas possibilidades e modos singulares de resposta, de apreensão, de apropriação, pelas crianças, das formas de perceber, sentir, falar, ler, escrever, historicamente constituídas; e nessa abertura para as possibilidades de *"novas formações"*[7] (Vigotski, 1996a), ampliam-se as margens de interpretação das ações e dos gestos das crianças nas relações de ensino. Cada gesto mínimo pode ganhar, assim, uma extraordinária dimensão nesses *espaços de elaboração* em que os adultos encontram-se (incansavelmente?) aprendendo sobre os modos de aprender das crianças; modos de aprender que são, inescapavelmente, modos de apropriação da cultura. Nesse sentido, o *modo de conceber a ontogênese na história e na cultura faz diferença nas relações de ensino*. A ontogênese é, assim, o lócus por excelência das (trans)formações históricas: participando ativamente das práticas sociais, apropriando-se da cultura, as crianças a (e se) transformam.

Aprender a ler e a escrever: Sociogênese e História

Assim, entre as possibilidades de imaginação e ficção humanas apontadas pelo professor há trinta anos, e as condições de produção efetivas — e de criação — da realidade que vivemos atualmente, podemos constatar que o problema por ele levantado não diz respeito, propriamente, a alfabetizar ou não as crianças; esse já é um pressuposto de consenso. A polêmica está em *como, por que e para que trabalhar a alfabetização* **com** *as crianças*. Ou seja, uma das questões centrais discutidas na tese, na década de 1980, parece ainda intrigar e persistir nas primeiras décadas do século XXI. Isso porque, em educação, não há descanso: as condições de produção e de transformações históricas estão sempre a demandar contextualização, análises, reelaborações.

Na sociedade informatizada de hoje, na realidade da sociedade virtual, ou da sociedade em rede, como nos fala Castells (2010), permeada por celulares, *tablets, blogs, facebook, youtube,* e uma proliferação interminável

---

7. As *novas formações*, ou seja, as transformações dinâmicas que ocorrem nas formas de atividade mental, no processo de desenvolvimento cultural da criança, dependem da *orientação do meio social*, isto é, da *situação social de desenvolvimento*.

de redes sociais, em que as práticas de leitura e escrita — seus usos, seus suportes, suas técnicas, suas formas, suas finalidades, suas possibilidades —, vão se transformando em progressão geométrica, cada vez mais acelerada[8], como se pode sustentar a argumentação de uma proposta de "alfabetização como processo discursivo"? Ela resiste ao tempo? Como? O que dela resta, ou persiste nas condições da contemporaneidade?

Nas releituras do texto de 1987, um claro indicativo do processo de transformação pode ser visto no termo datado da "indústria cultural", que aparece em diversos momentos e mostra-se em desuso nas últimas décadas. O mundo da "comunicação digital" englobou e suplantou largamente o da "indústria cultural", tal como caracterizada no século XX, sobretudo pelos filósofos da Escola de Frankfurt. As condições da contemporaneidade também fizeram do jornal impresso e da televisão objetos praticamente obsoletos. As notícias diárias e a programação de TV encontram-se hoje em novos suportes, flexíveis e portáteis, instantâneos, acompanhando as pessoas em todas as atividades, movimentos e transportes cotidianos.

Nas condições da "modernidade líquida", usando o conceito de Bauman (2001), a imersão das crianças no mundo digital, ou a convivência dessas com as múltiplas formas de linguagem — a escrita dentre as muitas —, produz uma sensação (ou seria um efeito?) de uma experiência "naturalmente" (ou culturalmente?) incorporada... Como se dá essa incorporação? Como essas marcas da cultura se inscrevem nos corpos dos sujeitos singulares? Como essa *realidade virtual* se torna constitutiva da *realidade vital* das pessoas? Como o mundo digital — o mundo na palma da mão, nas pontas dos dedos — afeta e constitui as relações sociais? E como essas condições impactam, afetam, constituem os modos de ensinar/aprender, os modos de alfabetizar nos dias de hoje? Como conceber a dimensão discursiva da alfabetização constituída no/pelo mundo digital?

Tento compreender como a *dimensão discursiva da alfabetização* das crianças está relacionada — ontem e hoje — à complexidade e às con(tra)

---

8. Seria interessante problematizar e discutir aqui, pelo prisma do cronotopo, como se produzem os sentidos dessa "aceleração" e/ou "abreviação" nos modos de vida e produção humanos. Tópicos para próximos capítulos.

dições de vida e à dinamicidade da atividade mental — coletiva e individual — composta por imagens e desejos, por palavras e lembranças, por afetos e sentidos, vivenciados, não necessariamente verbalizados, mas inescapavelmente marcados pela forma verbal de linguagem — produção humana —, assim como pelos instrumentos e artefatos técnico-semióticos produzidos historicamente (Vigotski, 1996b; Smolka, 2012). É na contração ou na intensidade da memória/história que vou refletindo sobre como o trabalho de escritura, o ler e o escrever, se inscrevem no corpo e na atividade humana, (trans)formando-os; como aprender a ler e a escrever se inscreve no tempo, na história, na memória[9].

Volto a Platão, no *Fedro*, e percebo, de outro modo, o alcance de suas preocupações: "o alfabeto engendrará esquecimento nas almas de quem o aprender" ... É para poder esquecer que aprendemos a escrever... (Platão, 1994). E vejo como essa preocupação se redimensiona e se mostra tão contraditória hoje. Penso no conhecimento humano produzido e condensado em um dispositivo como um aparelho celular, que nos faz esquecer os modos e as condições de sua produção; arquiva, para nos deixar esquecer, números, nomes, datas, informações, e dispensa os modos de calcular e operar matematicamente; nos abre um mundo de contatos e nos dá acesso a um mundo de imagens e palavras; sintetiza, abrevia e simplifica modos de dizer. Pequeno artefato cultural, já totalmente integrado ao cotidiano de vida das pessoas e instituições, que (trans)forma, profundamente, os (sentidos dos) modos lembrar, os modos de ler e de escrever.

No campo da Neurologia atual, Changeux (1983) levanta uma pertinente questão:

> Com o aparecimento da escrita, uma memória extra cerebral fixa as imagens e conceitos em materiais mais estáveis que os neurônios e as sinapses. Ela consolida e completa um conjunto já grande de acontecimentos e "objetos culturais", de símbolos, costumes e tradições reaprendidos a cada geração e perpetuados sem estarem inscritos nos genes. Imagens mentais e conceitos adquirem assim uma duração de vida bem superior àquela do cérebro que,

---

9. São muitos os autores que têm estudado essas questões. Dentre eles, destacam-se as contribuições de David Olson e Roger Chartier.

um belo dia, em fração de segundos, os produziu. Como se realiza "cette mise en mémoire culturelle?" (Changeux, 1983, p. 341)

A indagação de como se produz, como se realiza a *memória cultural* (que ao mesmo tempo sustenta e redimensiona a atividade humana, coletiva e individual), nos leva a retomar os princípios da *sociogênese do desenvolvimento humano* e da *primazia do interdiscurso* (que ancoram a alfabetização como processo discursivo), ressaltando a importância de teses cruciais formuladas por Vigotski. Princípios e teses que, tornando-se cada vez mais acessíveis pelas condições de divulgação e traduções de sua obra, em várias línguas, ao longo dessas três últimas décadas, continuam a nos provocar, convidando-nos a incessantes releituras e constituindo-se em instigantes *espaços de elaboração*.

No curso de suas elaborações teóricas, Vigotski enfatizou particularmente o *desenvolvimento cultural da criança* e chamou continuamente a atenção para a história do desenvolvimento cultural do ser humano. Nos seus modos de abordar o desenvolvimento humano, ele apontava insistentemente para a importância de se considerar a **história** — história da atividade humana, história das funções mentais, história do desenvolvimento do gesto de apontar, história da linguagem, história dos signos, história da escrita, da consciência... (Vygotski, 1995). Também em suas elaborações, Vigotski ressaltou o *princípio da significação* — a produção de signos e sentidos — como chave para se compreender a *conversão das relações sociais em funções mentais* (Pino, 2000; Smolka, 2010). "A interação social é impossível sem o signo"; "O signo é um meio/modo de relação social" (Vigotski, 1995, 1996b), o que vai ao encontro da concepção de Bakhtin: "Os signos só podem aparecer em um território interindividual"; "A realidade do psiquismo interior é a do signo. Sem material semiótico não se pode falar em psiquismo" (1981). Esse modo de conceber o *signo nas relações sociais* marca uma distinção entre as concepções interacionistas e a concepção discursiva da alfabetização[10].

---

10. "A significação (de um movimento), portanto, não é unívoca e não é imediata. Ela vai se (re)configurando, se estabelecendo, se convencionalizando na relação entre as pessoas. Há que se compreender dialeticamente essa relação: aquilo que permite ao homem desprender-se da situação

Assim, aquilo que nos inspirou na década de 1980 parece ficar mais consistentemente sustentado. A compreensão da tese vigotskiana da *formação social da mente*, da natureza social do desenvolvimento humano; a compreensão da hipótese da atividade mental (trans)formada pelo signo, especialmente pela forma verbal de linguagem; a compreensão de sua argumentação sobre a constituição da fala interior, que passa a integrar um *sistema funcional complexo* (no qual se articulam percepção, atenção, emoção, memória, imaginação, vontade...); a compreensão da dinamicidade das relações entre pensar e falar; e muito fortemente, sua ênfase na mediação, na História, fundamentam os *gestos de interpretação*, pelos adultos, dos *gestos de apropriação*, pelas crianças, dos instrumentos técnico-semióticos que mediam e viabilizam a atividade humana de ler e de escrever. Nesse momento, ainda reiteram-se os *princípios*, transformam-se as *condições*.

Se reconhecemos que a forma escrita de linguagem está profundamente impregnada nos objetos, nas práticas, na cultura (e com relação a esse aspecto compreende-se bem o conceito de letramento); se participamos das condições de viabilidade de "realização da memória cultural"; se acompanhamos as possibilidades de externalização de formas de operar mentalmente, vale problematizar e refletir sobre o *material semiótico* na vida mental. A forma escrita de linguagem, como produção humana, integra esse material semiótico. É diante das condições da contemporaneidade, isto é, buscando objetivá-las, que se torna relevante repensar os *espaços de elaboração nas relações de ensino e o gesto — histórico e cultural — de alfabetizar*.

Espaços de elaboração: con(tra)dições e (trans)formações

Educação. Arena de lutas por excelência. "PISA, ENEM, IDEB, Prova Brasil", "Base Nacional Comum Curricular", "Pacto Nacional para

---

imediata só *significa* num sistema de relações sociais, objetivas. É nesse sentido que dizemos que o conhecimento do mundo "passa" pelo outro. É na transformação do movimento em gesto que se esboça a possibilidade de emergência de muitos e diferentes sentidos. E é ainda na complexificação do gesto e na possibilidade de (trans)formação do signo em palavra — ou na *emergência do signo como palavra* — que se (re)dimensionam as possibilidades do conhecimento humano." (Smolka, 2010)

Alfabetização na Idade Certa", "Avaliação Nacional de Alfabetização", "Escola sem Partido", "Reforma do Ensino Médio"...

Documentos, Medidas Provisórias, Emendas Constitucionais. Entre manchetes, matérias e editoriais que circulam na mídia, encontramos mais recentemente a seguinte reportagem: "Escolas já começam a alfabetizar crianças com 'letras da internet'" (3/4/2017). Impossível não pensar na investigação feita há 40 anos, com as crianças pequenas, sobre a interpretação e as formas de leitura dos rótulos de produtos e a descontextualização da escrita. Impossível não pensar na prática de tantas professoras em sala de aula, que já vêm, há tempos, apontando para as crianças e trabalhando com elas essa forma de escrita. Impossível não indagar sobre os impactos da "internet" na vida, na escola, nas relações de ensino. Impossível não se incomodar (se indignar?) com o que vira notícia, e como, em veículos formadores de opinião!

E lemos ainda no Editorial da *Folha de S. Paulo*, de 24/4/2017.

Apesar de certos desvios pelo caminho, a BNCC traça um bom roteiro para o que é mais urgente: retornar ao básico (sem trocadilhos). E o fundamento, em educação, jamais se firmará sem o domínio da escrita e leitura, de operações triviais da matemática e de noções gerais de ciências.

As "letras da internet" e o célebre *"Back to Basics"*, já tão criticado dentro e fora do país, ilustram bem as polêmicas que atravessam o campo. O "novo" e o "velho" em tensão, evidenciando as forças centrífugas e centrípetas que permeiam as políticas e as práticas educacionais em (interminável) disputa.

Volto ao diálogo com Paulo Freire, Vigotski, Bakhtin, e também Bourdieu, e ainda, Marx... Autores *démodés*, de séculos passados? Certamente são autores da *práxis*, autores que apontaram para a História, para a historicidade do humano, autores que assumem o homem — ser humano — como *artífice de si próprio* (Pino, 2005). O que eles ainda têm a dizer?

Com eles, reconheço arenas de luta e vejo na escola (ainda!) possíveis *espaços de elaboração histórica da consciência*. Penso nos *gestos de ensinar* que abrem/constituem espaços de elaboração — dos afetos, da vontade, dos conhecimentos... Saudosismo? Excesso de otimismo no enfrentamento de condições adversas da contemporaneidade? Encontro argumentos no *trabalho em realização* das *professoras alfabetizadoras no espaço da escola pública* e lembro das crianças envolvidas nas relações de ensino — reagindo ou se escusando, num primeiro momento, mas se intrigando e se aproximando, indagando-se e perguntando, apropriando-se e se entusiasmando, apaixonando-se por (aprender a) ler e escrever. E ressalto os efeitos e os afetos na realização dessas atividades humanas: ensinar/aprender; ler/escrever.

Lembro de trabalhos como os de Nogueira (1991) e Buscariolo (2015) que, dentre muitos e muitos outros que articulam *gestos de ensinar* e *gestos de investigar*, tornam-se exemplares da sensibilidade e da fecundidade desses gestos e inspiradores das incontáveis possibilidades de participação das crianças nesses espaços "em aberto"... E vejo como a forma escrita de linguagem, como produto/produção históricos em *incorporação* pelas crianças, tornam-se meio/modo de trabalho simbólico, meio/modo de criação, de (trans)formação, de elaboração — coletiva, individual — da consciência... O homem chegou à consciência de maneira não consciente, admitia Vigotski; e argumentava sobre a importância de trabalhá-la conscientemente (Vigotski, 1996b). Mediação e intencionalidade pedagógica, ele proporia. Necessária Utopia, provocaria Paulo Freire. Memória do Futuro, sugeriria Bakhtin...

* * *

Ao tentar compreender as múltiplas determinações que foram tornando possível a realização do trabalho de atuação e de conceituação da *alfabetização como processo discursivo* no campo da educação, vou me dando conta das condições de seu (in)acabamento (Bakhtin, 2003) — pelas condições de sua emergência, pelas leituras e réplicas de outros, pelas controvérsias levantadas, pelo transbordamento do texto em repercussões intraçáveis... Novos "espaços de elaboração" se (re)configuram em cronotextopos — textos inseridos/imersos no espaço/tempo — que se expandem numa trama interdiscursiva e se adensam em núcleos de significação, e já não dizem mais respeito somente àquele trabalho, naquele momento, naquele texto, mas se (trans)formam e reverberam, de muitos modos, controvertidos e contraditórios, em outras instâncias e lugares...

Referências

BAKHTIN, M. *Marxismo e filosofia da linguagem*. São Paulo: Hucitec, 1981a.

_____. *Dialogic imagination*. Austin, Texas: The University of Texas Press, 1981b.

_____. *Estética da criação verbal*. São Paulo: Martins Fontes, 2003.

BAUMAN, Z. *Modernidade líquida*. Rio de Janeiro: Zahar, 2001.

BOURDIEU, P. *Razões práticas*. Campinas: Papirus, 1996.

BUSCARIOLO, A. F. V. T. *O Texto Livre como instrumento pedagógico na alfabetização de crianças*. Dissertação (Mestrado em Educação). Faculdade de Educação, Universidade de Campinas, Campinas, São Paulo, 2015.

CASTELLS, M. *A sociedade em rede*. 13. reimp. Rio de Janeiro: Paz e Terra, 2010.

CHANGEUX, J. P. *L'homme neuronal*. Paris: Fayard, 1983.

FREIRE, P. *Extensión o comunicación?* Santiago de Chile: ICIRA, 1969.

_____. *Pedagogy of the oppressed*. Tradução do original em português por Myra Bergman Ramos. New York: Seabury Press, 1973.

GEERTZ, C. *A interpretação das culturas*. Rio de Janeiro: LTC, 1989.

GOFFMAN, E. *Frame analysis*. New York: Harper & Row, 1974.

GOULART, C. M. A. Perspectivas de alfabetização: lições da pesquisa e da prática pedagógica. Dourados, MS, *RAIDO*, v. 8, n. 16, p. 157-175, jul./dez., 2014.

_____; WILSON, V. (Orgs.) *Aprender a escrita, aprender com a escrita*. São Paulo: Summus, 2013.

HENRIQUES, J. et al. *Changing the subject. Psychology, social regulation and subjectivity*. London: Routledge, 1984.

KATO, M. *No mundo da escrita:* uma perspectiva psicolinguística. São Paulo: Ática, 1986.

KLEIMAN, A. B. (Org.). *Os significados do letramento:* uma nova perspectiva sobre a prática social da escrita. Campinas: Mercado de Letras, 1995.

LAPLANE, A. L. F. *Interação e silêncio na sala de aula*. Ijuí-RS: Editora Unijuí, 2000.

LEAL, T. F.; BRANDÃO, A. C. P.; ALMEIDA, F. B. S.; VIEIRA, E. S. Currículo e alfabetização: implicações para a formação de professores. In: MORTATTI, M. R.; FRADE, I. C. A. S. (Orgs.). *Alfabetização e seus sentidos:* o que sabemos, fazemos e queremos? Marília-SP: Oficina Universitária; São Paulo: Editora da Unesp, 2014. p. 235-260.

LÖWY, M. *As aventuras de Karl Marx contra o Barão de Münchhausen:* Marxismo e Positivismo na sociologia do conhecimento. São Paulo: Busca Vida, 1987.

MAINGUENEAU, D. *Novas tendências em Análise do Discurso.* Campinas: Pontes, 1989.

MORATO, E. M. O interacionismo no campo linguístico. In: MUSSALIN, F.; BENTES, A. C. (Orgs.). *Introdução à Linguística:* fundamentos epistemológicos. v. 3. São Paulo: Cortez, 2004. p. 311-351.

MORTATTI, M. R. L. *Os sentidos da alfabetização.* São Paulo: Editora da Unesp, 1999.

MORTATTI, M. R. L.; FRADE, I. C. A. S. (Orgs.). *Alfabetização e seus sentidos:* o que sabemos, fazemos e queremos? Marília: Oficina Universitária; São Paulo: Editora da Unesp, 2014.

ORLANDI, E. *A linguagem e seu funcionamento.* São Paulo: Brasiliense, 1983.

PLATÃO. *Fedro.* Lisboa: Guimarães Editores, 1994.

PINO, A. O social e o cultural na obra de Lev S. Vigotski. *Educação e Sociedade,* n. 71. p. 45-78, 2000.

_____. *As marcas do humano.* São Paulo: Cortez, 2005.

NOGUEIRA, A. L. H. *A atividade pedagógica e a apropriação da escrita.* Dissertação (Mestrado em Educação). Faculdade de Educação, Universidade de Campinas, Campinas, 1991.

ROJO, R. H. (Org.). *Alfabetização e letramento:* perspectivas linguísticas. Campinas: Mercado de Letras, 1998.

SMOLKA, A. L. B. *Alfabetização como processo discursivo.* Tese (Doutorado em Educação). Faculdade de Educação, Universidade de Campinas, 1987.

_____. *A criança na fase inicial da escrita:* a alfabetização como processo discursivo. 1. ed. São Paulo: Cortez, 1988.

_____. *Voices on discourse.* Trabalho apresentado na II Conferência de Pesquisa Sociocultural. Genebra, setembro 1996. Texto não publicado.

SMOLKA, A. L. B. Ensinar e significar: as relações de ensino em questão. Ou das (não) coincidências nas relações de ensino. In: SMOLKA, A. L. B.; NOGUEIRA, A. L. H. (Orgs.). *Questões de desenvolvimento humano:* práticas e sentidos. Campinas: Mercado de Letras, 2010.

_____. *Condições de desenvolvimento humano e de realização do trabalho na escola:* relações de ensino e coletivos de trabalho. Tese (Doutorado em Educação) e Memorial de Livre--Docência, Faculdade de Educação, Universidade de Campinas, 2012.

SOARES, M. B. *Letramento:* um tema em três gêneros. Belo Horizonte: Autêntica, 1998.

VYGOTSKY, L. S. *Thought and language.* Translated by Eugenia Hanfmann and Gertrude Vakar. 12th printing. Massachusetts: M. I. T. Press, 1975.

_____. *Mind in society. The development of higher psychological processes.* Edited by Michael Cole, Vera John-Steiner, Sylvia Scribner, Ellen Souberman. Massachusetts: Harvard University Press, 1978.

_____. *Pensamento e linguagem.* Lisboa: Editora Antídoto, 1979.

_____. Thinking and Speech. *The collected works of L. S. Vygotsky.* Rieber Aaron, eds. 1987.

_____. *Obras escogidas.* v. I, II e III. Madrid: Visor, 1995.

_____. *Obras escogidas.* v. IV. Madrid: Visor, 1996a.

_____. *Teoria e método em Psicologia.* São Paulo: Martins Fontes, 1996b.

_____. *Imaginação e criação na infância.* São Paulo: Ática, 2009.

A alfabetização como
processo discursivo em perspectiva

Adriana Lia Friszman de Laplane

Desenvolvimento e linguagem

Nos anos 1980, as ideias de J. Piaget se afirmavam nas universidades e refletiam na psicologia do desenvolvimento, na psicologia da educação e na formação de professores. A psicologia psicogenética apresentava-se como uma alternativa às visões comportamentais e acrescentava à perspectiva maturacional do desenvolvimento, a dimensão interacional, dando destaque ao papel da cognição. A psicologia de Jean Piaget procurava os traços universais que seriam comuns a todos os indivíduos e centrava a atenção no desenvolvimento da inteligência, atribuindo ao ambiente físico e social um papel facilitador (Piaget, 1967, 1971, 1972, 1986).

No que se refere à língua escrita, os trabalhos de E. Ferreiro e A. Teberosky, publicados no final da década de 1970 e início da década de 1980 incorporavam os princípios teóricos da teoria de Piaget para elaborar a psicogênese da escrita. Assim como Piaget havia identificado estágios de desenvolvimento, E. Ferreiro e A. Teberosky, trabalhando com crianças pequenas no México e na Argentina, identificaram fases na aquisição da escrita. As autoras discriminaram um momento inicial em que a criança distingue o desenho da escrita, sinalizando a apreensão do conceito (mesmo que incipiente) de um sistema de representação e evolui para momentos de escrita de caráter pré-silábico, silábico, silábico-alfabético e finalmente alfabético (Ferreiro, 1989, 1992; Ferreiro e Palacio, 1987; Ferreiro e Teberosky, 1999).

Difundidos nos cursos de formação inicial de professores e nos treinamentos em serviço, aspectos da teoria de Piaget começavam a ser introduzidos na educação, tanto na Educação Infantil (pré-escolar) como no Ensino Fundamental. O foco na ação do sujeito sobre o mundo e sobre os objetos, a atividade do indivíduo como fator central da aprendizagem e o desenvolvimento das estruturas da inteligência como condicionantes da aprendizagem eram algumas das ideias que ajudavam a redefinir as preocupações pedagógicas. Esses aspectos haviam sido relegados pelo ensino tradicional, impositivo e centrado no professor e em um currículo que não levava em conta as condições do sujeito aprendiz. A perspectiva piagetiana inspirava práticas de ensino menos diretivas, destacava a importância de um ambiente estimulador, rico em objetos que pudessem proporcionar às crianças experiências sensoriais, intelectuais, afetivas e sociais capazes de promover o desenvolvimento saudável, a inteligência e a criatividade, destacando que o caminho do desenvolvimento era o caminho para a autonomia do indivíduo.

Há algo de paradoxal no modo como essas ideias chegaram às escolas. Grande parte dos professores ensinava conforme a tradição, começando pelos chamados "pré-requisitos" entre os quais o treino da coordenação motora fina e os exercícios que envolviam conceitos espaciais e de lateralidade ganhavam importância, de acordo com a prescrição da psicomotricidade vigente nas décadas de 1950 e 1960. A concepção que primava era a de que a aquisição da leitura e da escrita dependia do prévio desenvolvimento das habilidades psicomotoras. Essas concepções privilegiavam os aspectos técnicos da leitura e da escrita, as quais eram compreendidas como conjuntos de habilidades separadas e distintas. Os professores utilizavam cartilhas, apresentavam as letras e sílabas progressivamente, faziam leitura em voz alta, ditado e muita cópia. Atividades de discriminação de letras eram usadas à exaustão, assumindo-se que elas colaborariam para "fixar" na memória as unidades que serviriam para compor sílabas, palavras e frases. O processo envolvia também a correção sistemática dos erros. Saber ler significava realizar o processo de decodificação, análise e síntese, preservando o sentido de palavras e frases. Saber escrever significava dominar as regras do sistema de modo a registrar, de acordo com as normas gramaticais, palavras e frases. Os processos intermediários responsáveis pelo domínio da leitura e da escrita eram desconsiderados e mal compreendidos.

Nesse contexto, o foco da psicogênese da escrita nos modos de apreensão do sistema linguístico pela criança significou uma interessante contribuição na medida em que a abordagem explicitava os processos que começam com a distinção de desenho e escrita e culminam com a escrita alfabética, dando visibilidade aos diferentes momentos que a escrita da criança atravessa. Entretanto, essas ideias chegaram à maioria das escolas de um modo superficial e pouco elaborado. Em vez de promover práticas que incorporassem noções relevantes como a de que a criança, quando começa a sua educação formal, possui algum grau de apreensão da língua escrita, muitas escolas trocaram as classificações dos alunos de "fortes, médios e fracos" para "alfabéticos, silábicos e pré-silábicos". Uma classificação discriminatória e carente de fundamento teórico foi substituída por outra igualmente leviana, que pode ser encontrada em muitas escolas até o presente. Outro sinal da dificuldade de compreender as implicações da teoria psicogenética pode ser identificado nas perguntas usuais nos cursos de formação em serviço na década de 1990: agora não pode mais ensinar? Tem que deixar a criança escrever errado, do jeito dela? Pode ou não pode corrigir? Se não corrigir, como a criança vai aprender? Como posso ensinar a escrever se as crianças não decorarem as letras do alfabeto antes? Alfabetizar com cartilha é errado? Por quê?

A adoção dos princípios piagetianos significou, para muitos professores, malgrado os esforços de formação empreendidos por secretarias de educação e universidades, a destituição dos seus saberes tradicionais. Mesmo sendo esses pouco fundamentados, constituíam um conjunto de práticas mais ou menos estruturadas e sistematizadas, principalmente, nas cartilhas. A tentativa de instituir outros conceitos e métodos que levassem em consideração os aspectos linguísticos e psicogenéticos, construtivos da aquisição da escrita, resultou na substituição parcial dos conhecimentos tradicionais por outros, precários e pouco sedimentados sobre como alfabetizar na abordagem inspirada na teoria de Piaget. Os problemas aqui elencados são reconhecidos por diversos pesquisadores filiados à perspectiva psicogenética e continuam a desafiar formadores e gestores (Micotti, 2014; Weisz, 2014).

Essa situação permite compreender por que as ideias de Vigotski (1987, 1991) sobre a centralidade do signo e sua importância para o desenvolvimento apresentavam-se como contrapontos à teoria da ação e da equilibração de Piaget. O papel mediador da linguagem na elaboração das funções psíquicas superiores (atenção, percepção, pensamento, memória) e a concepção da linguagem como constitutiva do desenvolvimento psíquico e da subjetividade marcariam um divisor de águas entre as visões de desenvolvimento humano. A confrontação das teorias daria visibilidade aos limites do construtivismo piagetiano e às diferenças irreconciliáveis no que diz respeito a temas como o estatuto da linguagem e o papel da sociedade e da cultura no desenvolvimento humano. Na teoria de Piaget prevalece a ideia de um sistema autorregulado que busca um equilíbrio cada vez maior e a concepção de desenvolvimento como um processo que atravessa estágios sequenciais universais. Esses são o produto da construção de um sujeito dotado desde o nascimento de possibilidades que, em interação com o meio ambiente, se atualizarão na forma de estruturas de desenvolvimento crescentes em complexidade, que dependem do estabelecimento de estruturas anteriores para a sua progressão. O próprio conceito de "conflito cognitivo" (Piaget, 1976), que explicaria as passagens de um estágio para outro, revela o caráter individual da concepção de desenvolvimento, cujas marcas principais seriam a equilibração e a autorregulação, necessidades do próprio processo.

Na perspectiva de Vigotski, a concepção materialista e dialética permite formular a ideia de que o desenvolvimento é um processo que ocorre aos saltos e não de forma linear. Se na teoria de Piaget a linguagem aparece entre os fatores que junto a outros (pensamento, desenho, imagem, imitação) colabora com o estabelecimento da função simbólica (Piaget,

1971), na teoria de Vigotski ela ganha um espaço diferente, como fator constitutivo e essencial, decisivo para o desenvolvimento humano. Na linguagem condensam-se os processos interativos e a cultura, responsáveis, em última instância, pelo processo simbólico e pela própria constituição do psiquismo humano. Ainda, a concepção de linguagem como prática social decorrente da interação abre um espaço conceitual para considerar o desenvolvimento como construção coletiva e cooperativa, sujeita, portanto, a múltiplas determinações, especialmente, as históricas e culturais (Vigotski, 1991, 2000).

Língua, literatura, discurso e alfabetização

Aliada ao debate em torno às teorias de desenvolvimento e suas implicações para as práticas pedagógicas, a discussão que envolve os aspectos linguísticos e os métodos (mais ou menos formalizados) de alfabetização marca profundamente as reflexões da época. Os estudos apontavam para a necessidade de considerar os aspectos linguísticos como elementos cruciais para compreender as relações do sujeito com a escrita e os próprios erros na aquisição, para além dos aspectos psicológicos. Os linguistas argumentavam em favor da necessidade de que os professores conhecessem a língua em todas as suas dimensões. Como poderiam ensinar algo cuja natureza e funcionamento lhes eram desconhecidos? Muitos trabalhos assumem a defesa da superação da visão instrumental da língua, presente nas atividades escolares que privilegiam a cópia e a reprodução de fórmulas cristalizadas, as quais operam como modelos de escrita. Essas estratégias, em vez de promover a aquisição de recursos expressivos, limitam e restringem a escrita. As novas abordagens propõem, alternativamente, o trabalho com textos espontâneos e atividades que envolvem diferentes gêneros textuais, assim como o trabalho com a oralidade (Cagliari, 1982, 1985, 1989; Cagliari et al., 1985; Franchi, 1984; Geraldi, 1984; Kato, 1986).

A importância da narrativa, o crescimento da produção de literatura infantil e a emergência desses como campos de pesquisa e de conhecimento sinalizavam, nesse momento, o papel das práticas culturais, da fruição e do prazer como promotores do interesse das crianças em aprender a ler e a escrever. Discutiam-se a formação de leitores e as formas possíveis de incorporar essas dimensões ao trabalho escolar, de modo a transformar as práticas (Lajolo e Zilberman, 1988; Rocha, 1983; Silva, 1984, 1991; Zilberman, 1985).

As teorias enunciativas e discursivas mostravam-se como ferramentas que, coerentemente com a concepção de linguagem da perspectiva histórico-cultural, permitiam ampliar a interpretação dos sentidos e os significados sociais das práticas de linguagem.

A ideia bakhtiniana de *polifonia*, a de *dialogia* (Bakhtin, 1981a, 1981b; 1997), e os conceitos da Análise do Discurso (Manguenau, 1989; Orlandi, 1983, 1988; Pêcheux, 1983, 1990), conformam o prisma através do qual Ana Luiza Smolka depara-se, no seu trabalho reflexivo sobre a escola, com os discursos e textos, falados e escritos. A escolha das situações escolares analisadas na obra da autora, recortadas a partir de um vasto material, evidencia o papel decisivo dessa perspectiva no seu percurso teórico-metodológico. Os exemplos remetem às representações e imagens que os sujeitos fazem, uns dos outros (Pêcheux, 1990), aos efeitos dos implícitos nas relações e no discurso (Ducrot, 1987). Considerar esses recortes do cotidiano escolar como discurso implica também o reconhecimento das dimensões conscientes e inconscientes nos processos de interação simbólica.

Assim, o exercício analítico consiste em questionar a opacidade aparente da linguagem, interpelar os sentidos e significados, desconfiar e duvidar daqueles que se apresentam como os únicos possíveis. Esse exercício refere-se ao questionamento de enunciados e enunciadores (Quem fala? Por quê? Para quem?) e remete sempre ao interdiscurso, revelando, no movimento, as condições de produção dos discursos e as suas implicações para a compreensão do processo de alfabetização. Na perspectiva discursiva, esse se apresenta como um processo social, evidenciado nas marcas do discurso interior que envolve os modos particulares de apropriação da linguagem, o pensamento e as diversas operações que resultam em um discurso às vezes abreviado, condensado, aparentemente desconexo, como diz a autora (Smolka, 2008, p. 79). Desse ponto de vista, as marcas do diálogo e da interlocução que podem ser reconhecidas na escrita das crianças configuram-se como indícios (Ginzburg, 1990) cuja interpretação aponta para a centralidade da situação de interação, considerada nos seus aspectos institucionais, interpessoais e subjetivos.

Educação, alfabetização e política

Constitutivos da concepção discursiva, os aspectos que chamamos institucionais, remetem às dimensões política e histórica, intrínsecas a qualquer situação interativa. Lembremos que a década de 1980 assistiu aos movimentos de redemocratização de um país que emergia de uma longa ditadura militar (1965-1985). A Constituição de 1988 é um marco que evidencia as lutas da época e os conflitos e disputas políticas e ideológicas que abrangem também a educação. A universalização do ensino, a redefinição do papel da escola e a sua reestruturação, a defesa da escola pública e as formas de participação de alunos, professores, gestores, dirigentes e pais pautavam os debates da época (Borges, 2012; Vieira, 2008).

A década de 1990 foi marcada pela Declaração de Jomtien, (Unesco, 1998) que colocava entre as suas metas a redução do analfabetismo e a necessidade de oferecer a crianças e adultos, sem discriminação de qualquer tipo, uma educação de qualidade. A Declaração enuncia, também, no seu Artigo 4º: "[...] a necessidade de definir, nos programas educacionais, os níveis desejáveis de aquisição de conhecimentos e implementar sistemas de avaliação de desempenho". A partir daí, seriam empreendidas ações no sentido de construir e consolidar sistemas de avaliação de desempenho por meio das políticas educacionais, incluídas as de alfabetização. Na esteira da Declaração de Jomtien, o Plano Nacional de Educação para Todos (Brasil, 1993) e as ideias, programas e projetos difundidos por organismos internacionais, como a Comissão Econômica para a América Latina e o Caribe — CEPAL, a Organização das Nações Unidas para a Educação, a Ciência e a Cultura — UNESCO e o Banco Mundial, impulsionaram reformas visando à implementação de ações promotoras de eficiência e competitividade.

Nessa perspectiva, a educação é vista como um dos pilares do desenvolvimento. Trata-se de uma educação que deve acordar previamente as habilidades necessárias para a participação no mundo do trabalho e para a reestruturação da produção. Essas habilidades se traduzem em competências a ser ensinadas, adquiridas pelos alunos e avaliadas segundo o padrão predefinido (Frigotto e Ciavatta, 2003). Durante a década de 1990, o governo incentiva a articulação da educação ao mercado e promove a privatização do ensino. A visão da escola como empresa reitera os critérios de eficiência disseminados pelos organismos e agências internacionais. A Lei de Diretrizes e Bases — LDB (Brasil, 1996) compactua com a desregulamentação, flexibilização e privatização. Apesar dos debates teórico-políticos que agitam o cenário educacional (Saviani, 1997), a ideologia das competências e da empregabilidade se impõe nos parâmetros curriculares, diretrizes educacionais e mecanismos de avaliação. Em destaque: o domínio da língua portuguesa, comunicação verbal e redação, conceitos básicos de matemática, capacidade de trabalhar em grupo e adaptabilidade a situações novas.

As reformas, como a instituição dos ciclos e a progressão continuada, haviam sido objeto de experiências das décadas anteriores e a possibilidade de mudança na organização do ensino já constava na Lei de Diretrizes e Bases — LDB, Art. 23 (Brasil, 1996). Estados e municípios implementaram essas reformas (Barreto e Mitrulis, 2001) com relativo sucesso: elas colaboraram para redesenhar os índices de permanência dos alunos na escola, mas as condições do ensino e o contexto de extrema desigualdade estrutural do país continuaram a produzir exclusão. Amparados na mesma lei e induzidos pelos organismos internacionais (notadamente o Banco Mundial, segundo registram Bonamino e Franco) os sistemas de avaliação, presentes no cenário brasileiro desde a década de 1980, se instalam definitivamente, colaborando para a centralização, pelo estado — aliado ao setor privado e alinhado com os organismos internacionais —, dos processos de educação (Bonamino e Franco, 1999; Freitas, 2004). Esse movimento envolve a criação do Sistema de Avaliação da Educação Básica — SAEB e, mais recentemente, da Provinha Brasil (Brasil, 2007), examinada por diversos pesquisadores da área (Cristofolini, 2012; Estebam, 2012; Gontijo, 2012).

As críticas a esse estado de coisas são empreendidas por diferentes pesquisadores da área. Entre elas, a análise da política educacional de Luiz Carlos de Freitas (2002) já antecipa que: "O que estaria em curso, portanto, é um processo de preparação de um modelo de privatização para o ensino no Brasil" (p. 309). Da mesma forma, a menção de Frigotto e Ciavatta (2003) ao papel da Organização Mundial do Comércio — OMC, assim como o destaque para a sugestão do organismo internacional de que o campo educacional se perfilava como espaço de negócios rentáveis, soam, hoje, como descrições de realidades tangíveis e concretas.

Na mesma direção e fazendo alusão a diversos estudos sobre avaliação, Freitas aponta, no texto citado, que os processos avaliativos se apoiam em três práticas diferenciadas e articuladas que recaem sobre: a instrução, o comportamento e os valores e atitudes (p. 314). A articulação dessas dimensões, o modo como se apresentam aos alunos, diz Freitas, entre outros argumentos, incide fortemente na sua autoestima. A visão da escola como espaço de reprodução social, de P. Bourdieu (1999) inspira a análise dos mecanismos de avaliação que levam à construção de uma exclusão subjetiva, de forma tal que o aluno é conduzido para um destino escolar e social desvalorizado (p. 317).

A análise de Bourdieu se mostra também atual! Na década de 1960, o autor analisou o modo como opera a instituição educativa e a funcionalidade desse *modus operandi* para a reprodução social (Bourdieu, 1982). Um dos mecanismos descritos é o apagamento sistemático das diferenças culturais, sociais, econômicas, linguísticas e mesmo individuais. A ilusão de igualdade impõe-se a professores e alunos pela via de um discurso que ressalta o direito da população ("educação para todos", "todas as crianças alfabetizadas", por exemplo) e o dever da escola de oferecer o mesmo conhecimento a todos. Entretanto, as aludidas diferenças concorrem para criar condições de apreensão do conhecimento diferentes. De um modo geral, crianças que provêm de famílias com maior nível de escolaridade e acesso à cultura letrada possuem maior domínio da variedade de língua, dos conhecimentos e dos comportamentos que a escola valoriza. A proximidade e a familiaridade com esses saberes funcionam como facilitadores invisíveis, mas muito eficazes para gerar distinções entre os alunos. As crianças que provêm de famílias menos escolarizadas terão que aprender, além do conhecimento estipulado no currículo, esse outro conjunto de conhecimentos pressupostos e implícitos. Sem eles, a participação nas práticas escolares estará sempre aquém da expectativa, da média de desempenho nas avaliações formais e a progressão no sistema ficará comprometida ou mesmo inviável. O efeito disso é a conhecida responsabilização do sujeito (ou, alternativamente, da sua família ou grupo social) pelas "dificuldades" que apresenta.

O conceito de *habitus* colabora para a compreensão dessa dinâmica. A noção refere a um conjunto de disposições, valores e práticas incorporados ao longo da vida pelos sujeitos, de modo a perfazer um "estilo" próprio e ao mesmo tempo compartilhado com uma comunidade de origem e de pertença (Bourdieu, 1999).

Na escola francesa da década de 1960 descrita por Bourdieu, assim como nos episódios analisados por A. L. Smolka em 1988 no Brasil ou no cotidiano escolar de hoje, os cenários da educação se apresentam, apesar das diferenças geográficas, temporais e históricas, surpreendentemente parecidos no que se refere às relações entre professores e alunos. Em comum eles têm (entre outros traços), a confrontação dos professores, representantes do *habitus* professoral, adquirido na própria prática (Silva, 2005; Tardif, 2002), com os alunos, representantes de *habitus* distantes desse. As diferenças se revelam nos usos da língua, nas suas modalidades oral e escrita, nas atitudes, nos comportamentos, nos valores e nos gostos.

As políticas que afetam a vida de professores e alunos mostram uma tendência, nas últimas duas décadas, a um controle crescente das práticas escolares, pautadas por uma gestão que privilegia os resultados e desconsidera os processos, conforme diretrizes difundidas pela Organização para a Cooperação e o Desenvolvimento Econômico — OCDE (Ball, 2001). Essas políticas responsabilizam o professor pela aprendizagem dos alunos e a escola pelo desempenho em avaliações e testes comparativos nacionais (Brasil, 1994, 2001, 2007) e internacionais. As avaliações proporcionam dados utilizados para a classificação das escolas, instaurando, a exemplo do que acontece nas empresas no mercado, a competição no meio educacional. Estados e municípios adotam políticas de incentivo e punição como os bônus que os professores recebem se atingirem as metas previstas (São Paulo, 2009).

A lógica mercantilista apraz, na sua simplicidade, aos grupos que, comprometidos com interesses particulares, defendem políticas que favorecem os negócios privados no interior do sistema educacional público. A difusão do ensino apostilado, da compra e venda de material didático e dos métodos de ensino e de avaliação sinalizam a tentativa de universalizar essa visão de educação, assim como a recentemente lançada Base Nacional Comum Curricular — BNCC (Brasil, 2017), alvo de diversas críticas (Santos e Diniz-Pereira, 2016). A mensuração de competências (por exemplo, as socioemocionais) como base para supostamente subsidiar o planejamento do ensino, incorporando aquelas que as avaliações em larga escala irão testar, exemplifica também essa tendência (Smolka et al., 2015). Nesse contexto, sondagens, avaliações oficiais, provas e testes acabam pautando fortemente o ensino em termos de conteúdo e metodologia, restringindo a liberdade, o tempo e a disposição dos professores para formular propostas menos convencionais.

Reflexões finais

A partir da releitura da obra de Ana Luiza Smolka, revisitamos aqui — de forma breve e às vezes esquemática — aspectos das concepções de desenvolvimento e de linguagem, das políticas de educação e algumas das relações entre essas e as práticas de ensino e de avaliação. A visão crítica da autora em relação à escola revela o amálgama criativo das múltiplas referências teóricas que as suas análises combinam. Elas contêm também os princípios que fundamentam a construção de práticas de linguagem significativas, capazes de dialogar com os saberes e os interesses das crianças e de envolver diretamente os atores do processo educativo.

Nos exemplos da sala de aula despontam também as possibilidades de resistência e de ruptura presentes na dinâmica escolar. No confronto, na contradição e no conflito, crianças e jovens aprendem, superam obstáculos e barreiras de forma surpreendente e mesmo em um contexto político adverso — pelas razões antes alegadas —, encontram professores e dirigentes dispostos a superar a visão dicotômica, conformista e alinhada com o *status quo* e a quebrar paradigmas, valorizando os sujeitos e suas comunidades e grupos de origem e ensinando aquilo que eles podem aprender, propiciando o diálogo e a participação.

O trabalho nessa perspectiva implica construir pontes que permitam às crianças transitar o caminho na direção do conhecimento escolar sistematizado. Considerando a história de desigualdade extrema que assola o país, esse trabalho deve ser árduo e demorado, integrado com ações de valorização da atividade docente e que levem em conta as inúmeras necessidades (socioeconômicas, culturais e de saúde, entre as mais prementes) das famílias e dos alunos, na contramão das soluções tecnicistas recomendadas pelos organismos internacionais e adotadas pelo Brasil.

Três décadas depois, a análise do conflituoso percurso das políticas educacionais nos leva a defender, ainda, *a alfabetização como processo discursivo* porque essa concepção sintetiza, como poucas, a complexidade envolvida nos atos de ensinar e aprender; explicita a contribuição dos diferentes campos de conhecimento implicados nas atividades realizadas com a linguagem no contexto da escola e marca o rumo para os muitos educadores que não se iludem com as promessas de soluções unidirecionais para os problemas da educação.

Referências

BAKHTIN, Mikhail. *Estética da criação verbal*. Trad. Maria Ermantina Galvão G. Pereira. São Paulo: Martins Fontes, 1997.

_____. *Marxismo e filosofia da linguagem*. São Paulo: Hucitec, 1981a.

_____. *Problemas da poética de Dostoiévski*. Rio de Janeiro: Ed. Forense Universitária, 1981b.

BALL, S. J. Diretrizes políticas globais e relações políticas locais em educação. *Currículo sem fronteiras*, v. 1, n. 2, p. 99-116, jul./dez., 2001. Disponível em: https://www.researchgate.net/profile/Stephen_Ball6/publication/255629336_Diretrizes_Politicas_Globais_e_Relacoes_Politicas_Locais_em_Educacao/links/54339bdd0cf22395f29e1b3a.pdf. Acesso em: 2 abr. 2017.

BARRETTO, Elba Siqueira de Sá; MITRULIS, Eleny. Trajetória e desafios dos ciclos escolares no País. *Estud. av.*, São Paulo, v. 15, n. 42, p. 103-140, Aug. 2001. Disponível em: http://www.scielo.br/scielo.php?script=sci_arttext&pid=S0103-40142001000200003&lng=en&nrm=iso. Acesso em: 15 abr. 2017.

BONAMINO, Alícia; FRANCO, Creso. Avaliação e política educacional: o processo de institucionalização do SAEB. *Cadernos de Pesquisa*, n. 108, p. 101-132. Nov. 1999. Disponível em: https://www.fcc.org.br/pesquisa/publicacoes/eae/arquivos/1602/1602.pdf. Acesso em: 10 abr. 2017.

BORGES, Marisa. A política educacional nos anos de 1980 e 1990: qual a proposta de democratização da gestão escolar? *Atos de pesquisa em educação — PPGE/ME FURB*, v. 7, n. 1, p. 143-174, jan./abr. 2012. Disponível em: http://proxy.furb.br/ojs/index.php/atosdepesquisa/article/view/2714/1935. Acesso em: 10 abr. 2017.

BOURDIEU, Pierre. A escola conservadora: as desigualdades frente à escola e à cultura. NOGUEIRA, Maria Alice; CATANI, Afrânio (Orgs.). *Escritos de educação.* 2. ed. Petrópolis: Vozes, 1999, p. 39-64.

_____; PASSERON, Jean Claude. *A reprodução:* elementos para uma teoria do sistema de ensino. Rio de Janeiro: Francisco Alves, 1982.

BRASIL. *Plano Nacional de Educação para Todos.* MEC, 1993. Disponível em: http://www.dominiopublico.gov.br/download/texto/me002599.pdf. Acesso em: 4 abr. 2017.

_____. Lei n. 9.394, de 20 de dezembro de 1996. Estabelece as diretrizes e bases da educação nacional. *Diário Oficial da República Federativa do Brasil,* 23 dez. 1996. Disponível em: http.www.mec.gov.br. Acesso em: 12 jul. 2014.

_____. Ministério da Educação e do Desporto. Instituto Nacional de Estudos e Pesquisas Educacionais. *SAEB 2001:* novas perspectivas. Brasília: INEP, 2001.

_____. Portaria n. 1.795, de 27 de dezembro de 1994, dispõe sobre a criação do Sistema Nacional de Avaliação. *Diário Oficial da União,* Brasília, seção 1, n. 246, p. 20.767-20.768, 28 dez. 1994.

_____. Portaria Normativa n. 10, de 26 de abril de 2007. *Diário Oficial da União,* Poder Executivo, Brasília, DF, n. 80, 26 abr. 2007. Seção 1, p. 4. Disponível em: http://download.inep.gov.br/educacao_basica/provinha_brasil/legislacao/2007/provinha_brasil_portaria_normativa_n10_24_abril_2007.pdf.

CAGLIARI, Luiz Carlos. *Alfabetização e linguística.* São Paulo: Scipione, 1989.

CAGLIARI, Luiz Carlos. Leitura e alfabetização. *Cadernos de Estudos Linguísticos*, Campinas, v. 3, p. 6-20, 1982.

_____. O príncipe que virou sapo. *Cadernos de Pesquisa*, Fundação Carlos Chagas, São Paulo, v. 55, p. 50-62, 1985.

_____; GNERRE, M. B. M. A.; MAGALHÃES, M. A. C. C.; LIMA, S. C. Leitura e escrita na vida e na escola. *Leitura:* Teoria e Prática, Porto Alegre, v. 6, p. 15-26, 1985.

CRISTOFOLINI, C. Refletindo sobre a Provinha Brasil a partir das dimensões sociocultural, linguística e cognitiva da leitura. *Alfa*, São Paulo, v. 56, n. 1, p. 217-247, 2012. Disponível em: http://seer.fclar.unesp.br/alfa/article/view/4967/4137. Acesso em: 30 mar. 2017.

DUCROT, O. *O dizer e o dito*. Campinas: Pontes, 1987.

ESTEBAN, M. T. Considerações sobre a política de avaliação da alfabetização: pensando a partir do cotidiano escolar. *Revista Brasileira de Educação*, v. 17, n. 51, p. 573-592, set./dez. 2012. Disponível em: http://www.scielo.br/pdf/rbedu/v17n51/05.pdf. Acesso em: 2 abr. 2017.

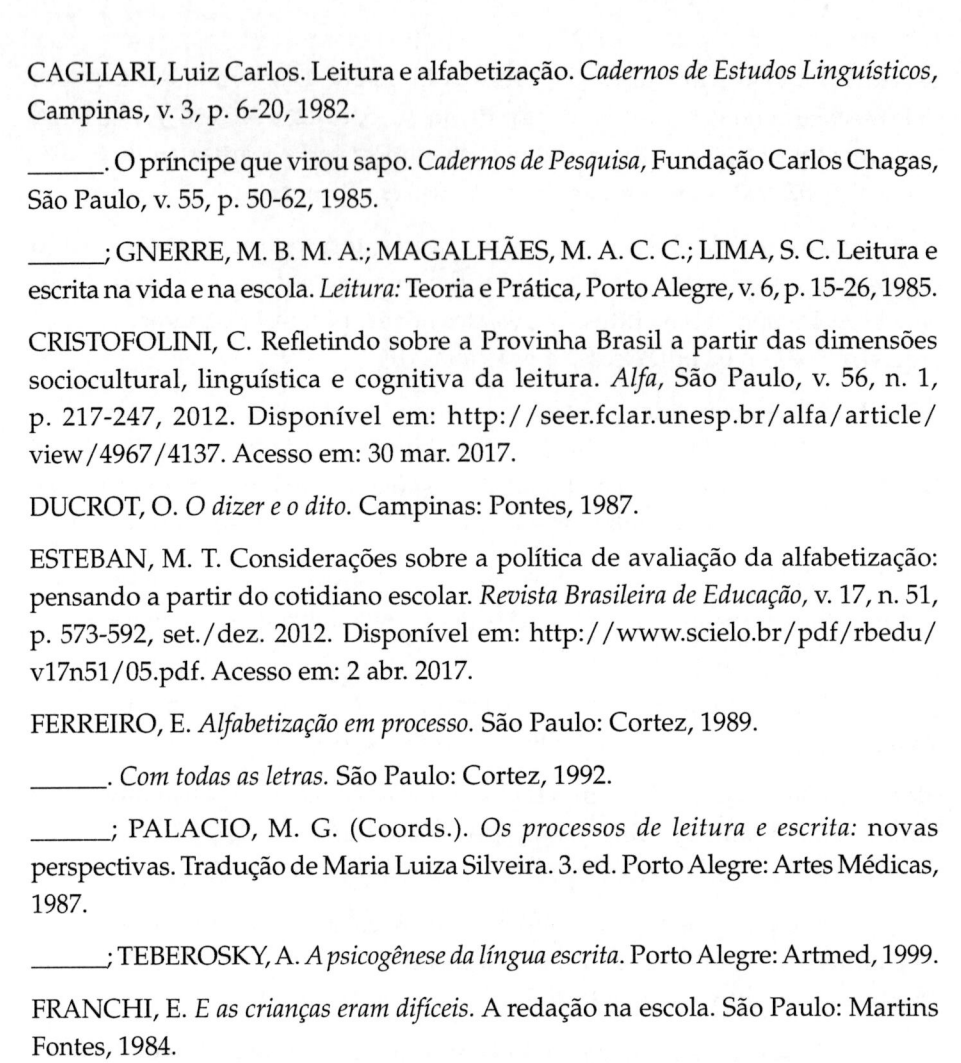

FERREIRO, E. *Alfabetização em processo*. São Paulo: Cortez, 1989.

_____. *Com todas as letras*. São Paulo: Cortez, 1992.

_____; PALACIO, M. G. (Coords.). *Os processos de leitura e escrita:* novas perspectivas. Tradução de Maria Luiza Silveira. 3. ed. Porto Alegre: Artes Médicas, 1987.

_____; TEBEROSKY, A. *A psicogênese da língua escrita*. Porto Alegre: Artmed, 1999.

FRANCHI, E. *E as crianças eram difíceis*. A redação na escola. São Paulo: Martins Fontes, 1984.

FREITAS, D. N. T. de. Avaliação da educação básica e ação normativa federal. *Cadernos de Pesquisa*, v. 34, n. 123, p. 663-689, set./dez. 2004. Disponível em: http://www.scielo.br/pdf/cp/v34n123/a08v34123.pdf. Acesso em: 10 abr. 2017.

FREITAS, L. C. de. A internalização da exclusão. *Educ. Soc.* Campinas, v. 23, n. 80, p. 301-327, set. 2002.

FRIGOTTO, G.; CIAVATTA, M. Educação básica no Brasil na década de 1990: subordinação ativa e consentida à lógica do mercado. *Educ. Soc.*, Campinas, v. 24, n. 82, p. 93-130, abril 2003. Disponível em: http://www.scielo.br/pdf/es/v24n82/a05v24n82.pdf. Acesso em: 10 abr. 2017.

GERALDI, J. W. (Org.). *O texto na sala de aula*. Leitura e produção. Cascavel: Assoeste; Campinas: Unicamp, 1984.

GINZBURG, C. Sinais: raízes de um paradigma indiciário. In: GINZBURG, C. *Mitos, emblemas, sinais*: morfologia e história. São Paulo: Companhia das Letras, 1990. p. 143-180.

GONTIJO, C. M. M. M. Base Nacional Comum Curricular (BNCC): comentários críticos. *Revista Brasileira de Alfabetização — ABAlf*. Vitória, ES. v. 1. n. 2. p. 174-190. jul./dez. 2015. Disponível em: http://abalf.org.br/revistaeletronica/index.php/rabalf/article/viewFile/68/51. Acesso em: 12 mar. 2017.

_____. Avaliação da alfabetização: Provinha Brasil. *Educ. Pesqui.*, São Paulo, v. 38, n. 3, p. 603-622, set. 2012. Disponível em: http://www.periodicos.usp.br/ep/article/view/47897/51632. Acesso em: 2 abr. 2017.

KATO, M. A. *No mundo da escrita*. São Paulo: Ática, 1986.

LAJOLO, M.; ZILBERMAN, R. *Literatura infantil brasileira:* história & histórias. 4. ed. São Paulo: Ática, 1988.

MAINGUENEAU, D. *Novas tendências em Análise do Discurso*. Campinas: Pontes, 1989.

MICOTTI, M. C. de O. A construção da leitura e da escrita e o ensino. In: MORTATTI, M. R. L.; FRADE, I. C. A. da S. (Orgs.). *Alfabetização e seus sentidos:* o que sabemos, fazemos e queremos? Marília: Oficina Universitária; São Paulo: Editora da Unesp, 2014. p. 187-206.

ORLANDI, E. *A linguagem e seu funcionamento*. São Paulo: Brasiliense, 1983.

_____. *Discurso e leitura*. Campinas: Pontes, 1988.

PÊCHEUX, M. *Discurso:* estrutura ou acontecimento. Trad. Eni Orlandi. Campinas: Pontes, 1983.

_____. Análise automática do discurso. In: GADET, F.; HAK, T. (Orgs.). *Por uma análise automática do discurso*. Campinas: Editora da Unicamp, 1990. p. 61-161.

PIAGET, J. *A equilibração das estruturas cognitivas*. Rio de Janeiro: Zahar, 1976.

_____. *A formação do símbolo na criança:* imitação, jogo e sonho, imagem e representação. Trad. Álvaro Cabral. Rio de Janeiro: Zahar, 1971.

_____. *A linguagem e o pensamento da criança*. Trad. Manuel Campos. São Paulo: Martins Fontes, 1986.

PIAGET, J. *Problemas de psicologia genética*. Trad. Célia E. A. di Piero. Rio de Janeiro: Forense, 1972.

_____. *Seis estudos de psicologia*. Trad. Maria A. M. D'Amorim; Paulo S. L. Silva. Rio de Janeiro: Forense, 1967.

ROCHA, R. Pra não vacinar a criança contra a leitura. *Leitura:* teoria & prática, v. 2, p. 3-10, out. 1983.

SANTOS, L. L. de C. P.; DINIZ-PEREIRA, J. E. Tentativas de padronização do currículo e da formação de professores no Brasil. *Cad. CEDES*, Campinas, v. 36, n. 100, p. 281-300, dez. 2016.

SÃO PAULO. SEE. *Programa de Qualidade da Escola (Nota Técnica)*. Governo do Estado de São Paulo/Secretaria de Estado da Educação, 2009. Disponível em: http://idesp.edunet.sp.gov.br/Arquivos/NotaTecnicaPQE2008.pdf. Acesso em: 23 mar. 2017.

SAVIANI, Dermeval. *A nova lei da educação:* trajetória, limites e perspectiva. Campinas: Autores Associados, 1997.

SILVA, E. T. da. *Leitura na escola e na biblioteca*. 3. ed. Campinas: Papirus, 1991.

SILVA, L. L. M. Às vezes ela mandava ler dois ou três livros por ano. In: GERALDI, J. W. (Org.). *O texto na sala de aula*: leitura & produção. Cascavel: Assoeste, 1984, p. 71-76.

SILVA, M. O *habitus* professoral: o objeto dos estudos sobre o ato de ensinar na sala de aula. *Rev. Bras. Ed.* n. 29, p. 152-163, maio/jun./jul./ago. 2005. Disponível em: http://www.scielo.br/pdf/rbedu/n29/n29a12. Acesso em: 12 abr. 2017.

SMOLKA, A. L. B. *A criança na fase inicial da escrita:* a alfabetização como processo discursivo. 12. ed. São Paulo: Cortez; Campinas: Editora da Unicamp, 2008.

_____; LAPLANE, Ad. L. F. de; MAGIOLINO, L. L. S.; DAINEZ, D. O problema da avaliação das habilidades socioemocionais como política pública: explicitando controvérsias e argumentos. *Educ. Soc.*, Campinas, v. 36, n. 130, p. 219-242, 2015.

TARDIF, M. *Saberes docentes e formação profissional*. Petrópolis: Vozes, 2002.

UNESCO. *Declaração Mundial sobre Educação para Todos:* satisfação das necessidades básicas de aprendizagem, de 9 de março de 1990. UNESCO, 1998.

VIEIRA, M. S. Gestão democrática na educação: as contribuições e omissões da LDB (Lei n. 9.394/96). In: VIEIRA, M. S.; MARQUES, M. R. A. (Orgs.). *LDB:* balanço e perspectivas para a educação brasileira. Campinas: Editora Alínea, 2008.

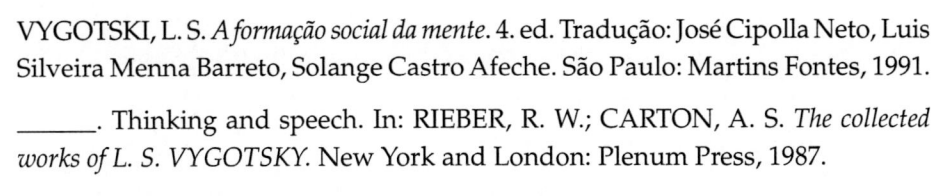

VYGOTSKI, L. S. *A formação social da mente*. 4. ed. Tradução: José Cipolla Neto, Luis Silveira Menna Barreto, Solange Castro Afeche. São Paulo: Martins Fontes, 1991.

_____. Thinking and speech. In: RIEBER, R. W.; CARTON, A. S. *The collected works of L. S. VYGOTSKY*. New York and London: Plenum Press, 1987.

_____. Manuscrito de 1929. *Educ. Soc.*, Campinas, v. 21, n. 71, p. 21-44, Julho, 2000. Disponível em: <http://www.scielo.br/scielo.php?script=sci_arttext&pid=S0101-73302000000200002&lng=en&nrm=iso>. Acesso em: 14 abr. 2017.

WEISZ, T. A aprendizagem do sistema de escrita: questões teóricas e didáticas. In: MORTATTI, M. do R. L.; FRADE, I. C. A. da S. (Orgs.). *Alfabetização e seus sentidos:* o que sabemos, fazemos e queremos? Marília-SP: Oficina Universitária; São Paulo: Editora da Unesp, 2014, p. 159-168.

ZILBERMAN, R. *A literatura infantil na escola*. 5. ed. rev. ampl. São Paulo: Global, 1985.

Notas sobre as implicações pedagógicas da concepção de alfabetização como processo discursivo

*Ana Lúcia Horta Nogueira**

I. Introdução: 30 anos de *Alfabetização como processo discursivo*

> (...) *a alfabetização é um processo discursivo: a criança aprende a ouvir, a entender o outro pela leitura; aprende a falar, a dizer o que quer pela escrita.* (Smolka, 1989, p. 63)

A tese *A criança na fase inicial da escrita: a alfabetização como processo discursivo*[1], de Ana Luiza Bustamante Smolka, reverbera o debate sobre as práticas tradicionais de alfabetização e a formação de professores, mais intenso desde o início da década de 1980. Como outros artigos neste volume indicam, a argumentação teórico-metodológica e as análises das situações escolares, que culminam com a elaboração de uma *concepção discursiva de alfabetização*, estão inscritas nas discussões daquele momento e em diálogo com o campo da Educação, da Psicologia e dos Estudos

---

* A autora agradece o apoio da FAPESP — Fundação de Amparo à Pesquisa do Estado de São Paulo — Auxílio à Pesquisa — 2014/07038-6.

1. Tese defendida na Faculdade de Educação — Unicamp, em 1987, e publicada pela Cortez Editora e Editora da Unicamp, em 1988.

da Linguagem, acerca dos processos de desenvolvimento, do ensino e aprendizagem da escrita.

Nas últimas três décadas, o texto de Smolka tornou-se importante marco para as reflexões acerca das práticas educativas de ensino da leitura e da escrita. Presença frequente nos cursos de formação inicial e continuada de professores, o texto é constantemente lembrado por pesquisadores e professores da educação básica, reconhecido como referência para questionar as práticas mais tradicionais de alfabetização e fundamentar propostas alternativas.

Os processos de ensino da escrita são, há muito tempo, objeto de discussão no meio educacional. Desde o final do século XIX, o debate sobre as concepções de alfabetização é marcado por posições opostas, ora prevalecendo as linhas teóricas que privilegiam o aprendizado da escrita como código e fundamentam determinados métodos, como o alfabético, o silábico e o fônico; ora, as linhas teóricas que compreendem a leitura como construção de sentidos em relação com a cultura e como resultante de um processo de elaboração de conhecimentos, e que sustentam os métodos conhecidos como os globais, ideográficos, construtivismo (Belintane, 2006).

De modo mais específico, com relação às propostas de ensino da escrita no contexto educacional brasileiro dos últimos cinquenta anos, é possível identificar que, até o período do regime militar, predominaram parâmetros formais e maior ênfase à composição de textos, ao aprendizado de mecanismos linguísticos formais e ao desenvolvimento de determinadas competências. A partir dos anos 1980, com a intensificação do diálogo entre o campo da Educação e dos Estudos da Linguagem em uma perspectiva enunciativa e discursiva, percebe-se o crescimento de propostas educativas que enfatizam os usos sociais da escrita e as atribuições e lugares sociais do sujeito autor e leitor, aspectos que passam a ser considerados nas propostas para o ensino da língua portuguesa, desde a fase inicial de alfabetização.

Importante lembrar também que a produção de conhecimentos na área de ensino da língua portuguesa e de alfabetização não esteve apartada das discussões travadas no contexto educacional mais amplo daquele período histórico: década de 1980, destacada por Saviani como uma das "mais fecundas de nossa história" no que diz respeito à organização do campo educacional.

> Uma particularidade da década de 1980 foi precisamente a busca de teorias que não apenas se constituíssem como alternativa à pedagogia oficial, mas que a ela se contrapusesse. Eis o problema que emergiu naquele momento: a necessidade de construir pedagogias contra-hegemônicas, isto é, que em lugar de servir aos interesses dominantes se articulassem com os interesses dos dominados. (Saviani, 2007, p. 400)

Com essa breve retomada do contexto histórico, nossa intenção foi indicar as interlocuções e os pressupostos teórico-metodológicos que marcaram e, consequentemente, permitem melhor compreender a *concepção discursiva de alfabetização* proposta pela autora. Foi nesse período bastante fecundo, imersa no debate das teorias educacionais crítico-reprodutivistas, em diálogo com teorias do desenvolvimento psicológico (Piaget, Vigotski, Wallon, Bruner), com os estudos psicolinguísticos (Ferreiro, K. Goodman, Y. Goodman, Smith, Foucambert, Clay, Luria, entre outros), e com os estudos de linguagem (De Lemos, Geraldi, Orlandi, Pecheux)[2], que Smolka desenvolveu o projeto de intervenção e de pesquisa Projeto de Incentivo à Leitura — PIL (ver Vanzella nesta coletânea), em que problematiza o processo de apropriação da escrita como trabalho de/na linguagem e propõe a tese de *alfabetização como processo discursivo*.

Considerando, portanto, que a originalidade e atualidade das elaborações da autora ainda se mantêm depois de trinta anos, este artigo propõe refletir sobre as implicações pedagógicas que *concepção discursiva de alfabetização* suscita. Para tanto, retomamos situações escolares apresentadas na dissertação *A atividade pedagógica e a apropriação da escrita* (Nogueira, 1991), elaborada à luz das contribuições da perspectiva histórico-cultural e dos estudos de linguagem e educação, na qual analisamos a construção de uma proposta educativa de alfabetização.[3]

---

2. Para melhor detalhamento e compreensão dos fundamentos considerados pela autora, sugere-se especialmente a leitura dos capítulos (1) *Alguns pontos de partida* e (3) *Discutindo pontos de vista* (Smolka, 1989).

3. Dissertação elaborada sob orientação da Profa. Dra. Ana Luiza Bustamante Smolka e apresentada à FE-Unicamp. Nesse trabalho, atuando como professora-pesquisadora, tomamos como objeto

Implicações pedagógicas da concepção de *alfabetização como processo discursivo*

A leitura da tese *A criança na fase inicial da escrita: a alfabetização como processo discursivo* sempre foi provocativa, fonte de inúmeras questões sobre as relações de ensino durante o processo de alfabetização. Dentre as questões que se redimensionam a cada leitura, para este artigo selecionamos duas: a linguagem escrita como prática discursiva e dialógica; a apropriação da escrita como processo de desenvolvimento cultural. Com a discussão destes aspectos inter-relacionados, pretendemos reiterar a potencialidade e ampliar a compreensão da concepção de *alfabetização como processo discursivo*, em relação às implicações pedagógicas por ela engendradas.

Escrita como prática discursiva e dialógica

> As crianças copiavam palavras soltas, provavelmente com algum significado para elas, mas sem articulação e sem sentido, tendo por "motivo" "aprender a ler e a escrever". A intenção da professora era mostrar a semelhança gráfico-sonora entre as palavras. Mas onde estavam, por exemplo, a dimensão simbólica, a dimensão pragmática, a dimensão lúdica, a dimensão dialógica da escrita nesse contexto? (Smolka, 1989, p. 49)

No trecho anterior, ao questionar a ausência de algumas das dimensões da escrita na atividade dessa sala de aula, Smolka remete à discussão das concepções de linguagem que permeiam as práticas educativas. A atividade escolar descrita parece reafirmar a noção do aprendizado da escrita como domínio e/ou construção de um código que, uma vez aprendido, traria o domínio de outras dimensões (simbólica, pragmática,

---

de análise nossa própria prática pedagógica, fortemente inspirada pela experiência de participação no Projeto de Incentivo à Leitura, durante o processo de formação no curso de Pedagogia da Unicamp, e posteriormente no mestrado, já como professora iniciante na educação básica.

lúdica e dialógica) da linguagem, como inerentes à própria linguagem. O questionamento da autora reverbera uma concepção de linguagem que circulava no âmbito dos Estudos Linguísticos daquele momento histórico, tal como sintetiza Franchi:

> Não há nada de imanente na linguagem, salvo sua força criadora e constitutiva, embora certos "cortes" metodológicos e restrições possam mostrar um quadro estável e constituído. Não há nada de universal, salvo o processo — a forma, a estrutura dessa atividade. A linguagem, pois, não é um dado ou resultado; mas um trabalho que "dá forma" ao conteúdo variável de nossas experiências, trabalho de construção, de retificação do "vivido", que ao mesmo tempo constitui o sistema simbólico mediante o qual se opera sobre a realidade e constitui a realidade como um sistema de referências em que aquele se torna significativo. Um trabalho coletivo em que cada um se identifica com os outros e a eles se contrapõe, seja assumindo a história e a presença, seja exercendo suas opções solitárias (Franchi, 1992 [1977], p. 31).

Se "não há nada de imanente na linguagem, salvo sua força criadora e constitutiva..., se a linguagem não é um dado ou resultado, mas um trabalho que dá forma...", torna-se imprescindível buscar formas de organização do processo de alfabetização como um trabalho de (e com a) linguagem. Para tanto, se afastando "da artificialidade de um exercício para aprender a escrever para depois escrever" (Geraldi, 2014, p. 216), previsto pelas concepções de alfabetização como domínio do código escrito, ainda hoje é premente construir propostas educativas para o aprendizado da escrita através das práticas sociais e discursivas de uso e de trabalho com a linguagem oral e escrita (Smolka, 1991).

Neste sentido, instaurar práticas de linguagem escrita em sala de aula demanda um importante deslocamento, com a substituição de "um objeto dado para estudo" (a linguagem escrita) pelo "convívio reflexivo com recursos linguísticos mobilizados na produção ou na leitura de textos, pelo convívio com a obra de arte verbal e os recursos aí mobilizados" (Geraldi, 2014, p. 215). Em termos das práticas de alfabetização, como propiciar esse deslocamento? Com o intuito de problematizar algumas possibilidades de apropriação da escrita pelo/no convívio reflexivo com a mesma, retomamos uma situação escolar de escritura de carta para amigos ou familiares.

> Lendo e analisando o que as crianças haviam feito ontem, na atividade de "escrever cartas", resolvi sugerir que usassem a primeira versão como um rascunho, e que passassem para uma folha definitiva que seria enviada ao destinatário.
> A reação imediata das crianças foi:
> — O meu está tudo certo! Vou fazer igual!
> — Não tem que arrumar nada no meu!
> Depois de algum tempo, acabaram concordando com a proposta. Antes que começassem, foi combinado que iriam ler devagar, prestando atenção, e iriam copiando em outra folha, mudando o que estivesse "errado", sem alterar o texto original.

Figura 1 — Carta do Leandro

"Rony,
eu vou mandar uma carta de amigo.
O melhor amigo meu é o amigo
é o Rony é o melhor amigo Rony
O Leandro é o amigo do Rony
E o Rony o melhor amigo do Leandro
e eu vou mandar uma carta."

Fonte: Arquivo da autora

Leandro havia escrito este texto inicialmente. Enquanto revia, chamou a professora e disse:

— Tia, aqui está escrito ramigo (apontando o rascunho), posso tirar o erre ou tem que copiar igual?

— Pode tirar para ficar amigo, não é isto que você quer escrever? Continue lendo e copiando para ver se você encontra mais alguma coisa.

Figura 2 — Carta do Gileno

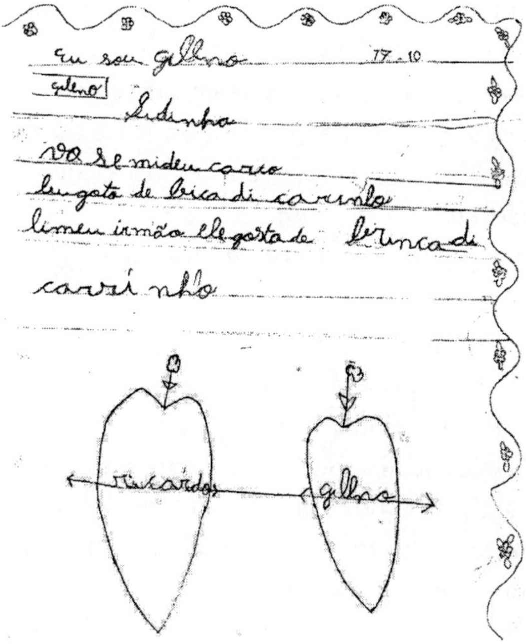

"Eu sou Gileno.
Cidinha,
você me deu um carrinho,
eu gosto de brincar de carrinho
e o meu irmão, ele gosta de brincar de carrinho."

Fonte: Arquivo da autora

Gileno, apesar de ter escrito seu texto sem nenhum auxílio, não conseguiu fazer uma leitura mais objetiva a fim de perceber, entre outras coisas, a necessidade do uso de uma única forma de escrita para as mesmas palavras — carrinho e brincar — presentes no texto de diferentes formas: carrinho, cario; bica, brinca. (Nogueira, 1991, p. 55-57)

Nessa situação anterior, a escritura das cartas se configura como instância de uso efetivo da linguagem articulada à elaboração da própria escrita pelas duas crianças. A atividade de revisão textual demanda, mesmo dos leitores mais experientes, distanciamento do texto anteriormente escrito, atenção focalizada em aspectos mais formais da escrita, além da habilidade de articular os processos de leitura e escritura, o que a torna ainda mais complexa no início da alfabetização. Dada a complexidade dos processos envolvidos na revisão textual, é interessante indicar que Gileno, apesar de escrever corretamente nas últimas linhas, não retorna ao início do texto onde estão as mesmas palavras (bica/brincar, cario/carinho/carrinho), e que a revisão feita por Leandro permanece no nível ortográfico, pois corrige algumas palavras ao perceber inadequações (ramigo/amigo), mas nenhum dos dois chega ao nível da frase ou do texto (segmentação das palavras, eliminação das repetições, uso de letras maiúsculas e pontuação das frases) (Geraldi, 1996).

É por meio do processo de escritura, trabalho da/na linguagem, que os meninos dão "forma ao conteúdo de suas experiências", em uma situação educativa mediada e que promove formas de aprendizado e desenvolvimento (Vygotski, 1995). Como criação e trabalho da/na linguagem, o texto das cartas traz marcas do conhecimento das crianças sobre a escrita e sobre o gênero textual carta social. Apesar dos vários equívocos relativos à correspondência sonora, grafia e segmentação das palavras, bastante comuns e esperados durante o processo de alfabetização, ambas crianças organizam espacialmente o texto com destaque ao nome do destinatário usando letras maiúsculas, preenchem o espaço em branco na página com desenho e escrita (elementos não textuais) relacionados ao tema, explicitando grande adequação ao gênero textual e ao contexto de interlocução por elas definido. Quando Gileno escreve para contar à prima sobre o presente e o irmão (possivelmente Ricardo, nome que aparece no desenho), e Leandro, para atestar sua amizade e a intenção de enviar a carta, os dois assumem responsiva e dialogicamente a autoria do próprio texto diante do interlocutor definido, ao mesmo tempo em que "convivem reflexivamente", de forma mediada pela situação de ensino, com os mecanismos e recursos da escrita.

Importante reiterar que o fato das crianças em fase inicial de alfabetização não terem conseguido realizar a revisão textual de forma mais elaborada não seria justificativa para que deixassem de participar de outras atividades semelhantes. Ao contrário, assumindo uma visão prospectiva e processual do desenvolvimento das funções psicológicas, entendemos que é justamente através da participação nas mais variadas instâncias de uso da leitura e escrita, que o aprendizado e o desenvolvimento podem ser provocados (Vigotski, 1995). A proposta de revisão do texto é oportunidade para olhar a própria escrita, analisar regularidades e especificidades e, nesse movimento, aprender sobre a escrita. A partir daquilo que é apontado e indicado nas interações em sala de aula, as duas crianças puderam elaborar aspectos bastante significativos acerca da escrita, tais como a construção de um contexto de interlocução e a estruturação de um texto narrativo, aos quais atenderam de forma bastante satisfatória; bem como os aspectos mais formais do registro escrito. E, mesmo que não tenham realizado ampla revisão textual, puderam experenciar novas possibilidades de trabalho com a linguagem, quando a atenção se volta para aspectos do funcionamento linguístico ou quando percebem a possibilidade de ler/reler/modificar aquilo que escreveram.

Enquanto prática de linguagem em um determinado contexto de interlocução, os processos de escritura das cartas e de apropriação da escrita, como um *sistema simbólico cultural*, estão fortemente relacionados: o uso da linguagem só se efetiva através do trabalho reflexivo com a escrita, o que permite à criança ocupar lugares e exercer modos de participação para "construir uma relação com a escrita enquanto prática discursiva e enquanto objeto [portador de texto]" (De Lemos, 1988, p. 11). Enfim, atividades como essa, nas quais o *processo* de trabalho com aspectos discursivos, funcionais e estruturais da linguagem escrita prevalece sobre o resultado final, são fundamentais para que as crianças possam, de forma mediada e gradativa, apropriar-se da escrita.

Com a análise da escritura das cartas, tomada aqui dentre várias outras do cotidiano de uma sala de aula de alfabetização, buscamos reiterar a dimensão discursiva e dialógica da escrita, cujo processo de apropriação depende da participação ativa, responsiva e reflexiva em práticas permeadas por essa forma de (trabalho de) linguagem (Bakhtin, 1986, 1997). Nesse sentido, entendendo a linguagem escrita como domínio de um *sistema simbólico cultural*, propomos, em seguida, analisar a apropriação da escrita no plano social do *desenvolvimento cultural*.

Apropriação da escrita como processo de desenvolvimento cultural

Dada a própria natureza social da linguagem escrita, seu processo de apropriação só pode ser compreendido como linha do *desenvolvimento cultural*, que explica a sociogênese das formas psíquicas superiores (Vigotski, 1995, 2010, 2011).

> O desenvolvimento da linguagem escrita pertence à primeira e mais evidente linha do desenvolvimento cultural, já que está relacionado com o domínio de sistema externo de meios elaborados e estruturados no processo de desenvolvimento da humanidade. No entanto, para que o sistema externo de meios se converta em uma função psíquica da própria criança, em uma forma especial de seu comportamento, para que a linguagem escrita da humanidade se converta em linguagem escrita da criança, são necessários complexos processos de desenvolvimento (Vygotski, 1995, p. 185).

O processo de apropriação da escrita é parte do desenvolvimento cultural das atividades simbólicas, que incluem o desenvolvimento dos gestos e da brincadeira, da linguagem oral e do desenho. Ao retomar Vigotski, De Lemos afirma que:

> a escrita é o produto de um complexo processo de deslizamento simbólico, que se inicia no gesto como veículo de significação, significação esta que se desloca, em seguida, para as marcas do gesto que ficam no papel. Sendo a fala a atividade de significação por excelência, é através dela, segundo o mesmo autor, que o garrancho se transforma em significante e surgem primeiro o desenho, depois a escrita. [...] O deslizamento simbólico a que alude Vygotsky deveria incluir, portanto, o ato interpretativo do interlocutor, sua apropriação pela criança que o transforma em ato de fala diretivo do ato

de escrever tanto do Outro quanto de si própria. Ou o ato que orienta sua própria atividade de buscar correspondências entre esse modo particular de falar — falar algo para se escrito — e o produto do ato de escrever. (De Lemos, 1988, p. 13)

A noção de deslizamento simbólico indicada pela autora é bastante interessante para explicitar a dimensão do trabalho simbólico inerente ao processo de apropriação da escrita, com especial destaque à mediação social (pelo outro e pela palavra), lócus de produção e compartilhamento de sentidos e significados. A noção ainda permite explicitar que, apesar de suas similaridades e diferenças, os processos de apropriação e desenvolvimento da linguagem oral e escrita mantêm, entre si, relações de interdependência.

Em suma, compreender a escrita como atividade cultural, "domínio de sistema externo de meios elaborados e estruturados no processo de desenvolvimento da humanidade", implica considerar que a imersão nas práticas culturais simbólicas potencialmente transforma o funcionamento psicológico, justamente porque como resultado de um processo cultural de desenvolvimento, o domínio da escrita implica também transformações profundas nos sistemas funcionais, graças a "sua força criadora e constitutiva".

É a mediação semiótica propiciada pela linguagem escrita que produz o "caráter irreversível da transformação pelo simbólico" (De Lemos, 1998). No que diz respeito às práticas educativas, isso demanda, sobretudo, o planejamento de situações nas quais as crianças possam se apropriar da linguagem escrita, como um *sistema simbólico cultural*, um "sistema externo de meios que se converte em uma função psíquica da própria criança".

De modo geral, as práticas de alfabetização lançam mão de um conjunto de dinâmicas e recursos *didáticos* bastante conhecido, tais como: organização das letras do alfabeto, alfabeto móvel, listas de palavras, comparação do som inicial ou final das palavras, partição em sílabas, entre muitas outras (Albuquerque, Morais e Ferreira, 2008; Monteiro, 2004). Assim, indagamos: Quais são as formas deliberadas e sistemáticas de intervenção pedagógica que auxiliam o processo de conversão de um sistema simbólico externo em função psíquica da própria criança? Como as crianças usam/podem usar os *recursos didáticos* disponibilizados em sala de aula? Como os recursos apontados em sala de aula podem provocar processos mediados de desenvolvimento?

> *Na sala de aula onde desenvolvemos nossa pesquisa, a organização das letras do alfabeto e das listas de palavras em ordem alfabética foram os primeiros momentos de sistematização dos conhecimentos acerca da escrita — o nome e o som das letras. Dentre os recursos bastante usados pelas crianças, estava a busca de informações nos diferentes cartazes afixados pela classe — alfabeto, nome de animais, textos de histórias, notícias de jornal, listas de palavras.*
>
> *As atividades de uso efetivo da leitura e escrita se intercalavam com momentos de sistematização dos conhecimentos acerca da escrita (organização do alfabeto, quadro de sílabas, listas de palavras com determinado critério), quando aspectos do funcionamento da linguagem se tornavam o principal objeto de reflexão. Esses "momentos de parada" para organização e sistematização dos conhecimentos davam elementos para as atividades de escrita e leitura das crianças durante algum tempo, após o qual era preciso propor uma nova sistematização, mais complexa ou diferente, de forma a atender a todos. Alguns desses recursos deixavam de ser procurados por alguns alunos, à medida que se apropriavam desses conhecimentos, mas permaneciam à disposição para outros que pudessem precisar.*
>
> *Assim, as crianças podiam participar de variadas práticas de escrita lançando mão dos recursos pedagogicamente disponibilizados. Durante as atividades de leitura era possível observar que as crianças utilizavam diversos recursos disponibilizados como auxiliares para a atividade, tais como estabelecer comparação entre as letras e sílabas das palavras conhecidas e das palavras a serem lidas; soletrar as sílabas antes de ler; repetir a "família silábica" até encontrar a sílaba desejada. O uso desses recursos pelas crianças também aparece em uma específica situação de escrita registrada pela professora no Diário de Campo:*
>
> *"Antes de dar início a uma atividade em que as crianças iriam escrever trechos e palavras mais significativos de uma história que havia sido lida anteriormente, Salvani me chamou e disse:*
>
> *— Você esqueceu de pendurar o quadro de sílabas, eu preciso dele para escrever"* (Nogueira, 1991, p. 32-45)

Conforme os comentários anteriores explicitam, a disponibilização em sala de aula de diversos recursos mediadores para a leitura e escritura faziam parte do planejamento e da ação intencional da professora. Como isso pode ser teoricamente sustentado e justificado? O que é possível observar em sala de aula com relação à forma como os alunos usam os *recursos didáticos* disponíveis?

A afirmação de Salvani de que precisava do quadro de sílabas para escrever pode ser tomada com indício de que as informações sistematizadas, de forma condensada no quadro de sílabas, poderiam atuar como mediador semiótico auxiliar para sua atividade de escritura. O processo de combinação das letras e formação das sílabas, ainda não totalmente apropriado por ela, poderia ser relembrado e acessado através do registro efetivado no quadro de sílabas — que havia sido coletiva e gradativamente preenchido na sala de aula, à medida que as crianças e a professora realçavam e analisavam a grafia de determinadas palavras. O mais instigante nessa situação é, conforme o comentário da criança sugere, que ela tem consciência de que esse instrumento/recurso semiótico lhe permitiria escrever com maior independência e, acima de tudo, ter controle e domínio de sua própria atividade. Como afirma Vigotski, "a relação mais essencial que subjaz na estrutura superior é a forma especial de organização de todo o processo, que se constrói graças à introdução na situação de determinados estímulos artificiais que cumprem o papel de signos" (Vigotski, 1995, p. 123) e possibilitam formas de atividade semioticamente mediadas. Podemos retomar aqui a lei genética geral formulada por Vigotski: "toda função no desenvolvimento cultural da criança aparece em cena duas vezes, em dois planos; primeiro no plano social e depois no psicológico, no princípio entre os homens como categoria interpsíquica e logo no interior da criança como categoria intrapsíquica" (Vigotski, 1995, p. 150).

No percurso do desenvolvimento cultural, as práticas educativas podem deliberadamente provocar a transformação da atividade interpsíquica, que ocorre mediada pelas situações de ensino, em atividade intrapsíquica, com a apropriação de *recursos semióticos* que modificam a atividade mental da criança.

> Isto significa que a internalização das relações sociais consiste numa conversão das relações físicas *entre pessoas* em relações semióticas *dentro da pessoa*. [...] Na conversão das relações sociais em relações intrapessoais, o elemento

que permanece é a *significação* dessas relações, tanto no plano social como no pessoal. (Pino, 2005, p. 112)

Assim, no contexto das relações de ensino que tomam a escrita como objeto de conhecimento e sistematiza determinados *recursos didáticos* de consulta para a escritura, a mediação do "outro", que chama a atenção para o que é relevante e ensina, pode se deslocar para um elemento mediador semiótico — no caso, o quadro de sílabas — porque está impregnado e condensa as formas de mediação. Por outro lado, a simples disponibilização de um recurso como esse não teria função alguma para a atividade da criança, se ela não puder atribuir significado ao *recurso técnico-semiótico*. Desse modo, como elemento de mediação semiótica, a construção e o uso de determinados recursos para as atividades escolares depende da forma como eles são, nas relações mediadas de ensino, utilizados e disponibilizados em sala de aula.

Por conseguinte, é preciso olhar mais atentamente para o que se passa em sala de aula para compreender como e quais recursos semióticos medeiam a atividade das crianças. A existência de um recurso ou material didático por si só não define a forma como ele pode ser usado pela criança nem a função que desempenha no seu processo de desenvolvimento psicológico. Com isso, sugerimos diferenciar *recursos didáticos* e *recursos técnico-semióticos*: embora os dois sejam relacionados e eventualmente coincidentes, não mantêm, necessariamente, a mesma função. O que define a especificidade dos *recursos técnico-semióticos* é sua possibilidade de "controlar e desenvolver processos psicológicos, [...] nessa perspectiva, é a natureza social dos instrumentos psicológicos que se torna um dos objetos privilegiados da psicologia, pois se busca compreender quais são os objetos que adquirem essa função, em qual época e de que modo" (Friedrich, 2012, p. 61-62).

Poderíamos, então, dizer que o *recurso ou instrumento didático* é um mediador semiótico proposto pelo professor com o objetivo de controlar e desenvolver determinados processos psíquicos (atividade interpsíquica); esse elemento mediador se transforma em *recurso ou instrumento técnico--semiótico* quando é apropriado pelo aluno e se converte em meio interno para regular a própria atividade (atividade intrapsíquica). Em sala de aula, portanto, um *recurso didático* pode, ou não, assumir para a criança a função de *recurso técnico-semiótico*, a depender de como ela se apropria daquilo que é apontado nas relações de ensino, uma vez que "há uma relação de forte intimidade entre o modo como o sujeito utiliza o instrumento psicológico e sua proveniência" (Friedrich, 2012, p. 72). No caso de Salvani, é possível dizer que o quadro de sílabas se transformou em *recurso técnico-semiótico* para a escritura, porque ela participou do processo de elaboração e aprendeu a consultar as informações registradas no quadro — conversão das relações sociais mediadas em relações intrapessoais.

As situações escolares descritas ainda permitem problematizar como a diversidade de percursos de desenvolvimento e apropriação do conhecimento pode ser considerada pela dinâmica das práticas educativas. Bem como em outras atividades escolares, a participação nas propostas de leitura e escritura possibilita a cada aluno refletir e elaborar diferentes dimensões da escrita. Ou seja, na medida em que propiciam formas de trabalho reflexivo sobre a linguagem escrita e não preveem uma única resposta pré-definida, mesmo nas atividades compartilhadas entre toda a classe e mediadas pelas interações entre alunos e professora, há espaço para que cada aluno possa elaborar aspectos distintos, a depender das particularidades de seu processo de apropriação da escrita como linha do desenvolvimento cultural.

Sob esse ponto de vista, é possível considerar que as situações educativas são sempre *fonte de desenvolvimento* (Vigotski, 2010), uma vez que os interlocutores e o contexto de sala de aula não são estáticos, ao contrário, são variáveis e dinâmicos, criança e seu desenvolvimento podem se modificar. "E não apenas a criança se modifica, modifica-se também a atitude do meio para com ela, e esse mesmo meio começa a influenciar a mesma criança de uma nova maneira" (Vygotski, 2010, p. 691).

Daí também decorre a importância de experenciar diversas dinâmicas interativas em sala de aula e de ampliar as formas de sistematização do conhecimento, para que as crianças possam lançar mão de recursos variados e perceber que não se tratam de formas únicas ou fixas. A intencionalidade das práticas pedagógicas está, entre outros aspectos, fundamentalmente relacionada à sistematização de diversos *meios e recursos didáticos* que possam ser convertidos em *recursos técnico-semióticos*, elementos mediadores para a atividade, que possibilitem à criança maior controle de sua própria conduta para alcançar o domínio dos meios externos pertinentes à sua cultura — entre eles, a linguagem escrita como uma linha do desenvolvimento cultural.

III. Notas finais: Como construir práticas de alfabetização como processo discursivo?

> ...os textos das crianças, desde as primeiras tentativas, constituem (e geram outros) momentos de interlocução. É nesse espaço que se trabalham a leitura e a escritura como formas de linguagem. A alfabetização se processa nesse movimento discursivo. Nessa atividade, nesse trabalho, nem todo dizer constitui a leitura e a escritura, mas toda leitura e toda escritura são constitutivas do dizer (Smolka, 1988, p. 112).

Neste artigo, com o propósito de aprofundar a compressão e refletir acerca das implicações pedagógicas da concepção de *alfabetização como processo discursivo*, trouxemos situações de sala de aula para problematizar o processo de apropriação da linguagem escrita como prática discursiva e como apropriação de um sistema simbólico cultural. Sem pretensão alguma de encerrar esta discussão e tendo em vista que a questão da mediação pedagógica foi um aspecto bastante recorrente em nossos comentários, ainda questionamos: como o trabalho com a linguagem e o movimento discursivo pode ser intensificado pelas práticas de alfabetização?

A possibilidade de instaurar práticas de linguagem oral e escrita em salas de alfabetização depende, sobremaneira, daquilo que é produzido e prevalece nas relações de ensino em cada contexto. As relações de ensino são cotidiana e dialeticamente constituídas nas condições históricas concretas, nos modos de participação e interação de alunos e professores, atravessadas pelas concepções e observações dos professores.

As relações de ensino são delimitadas, ainda, por questões institucionais mais amplas, prefiguradas pelas teorias e tradições pedagógicas, pelas prescrições e regras do ofício, entre inúmeros outros aspectos que afetam os processos educativos e o *trabalho de ensino* (Amigues, 2004; Clot, 2006, 2010; Bronckart, 2006, 2009; Machado, 2004). No exercício de seu ofício, o professor pode construir escolhas e efetivar sua intencionalidade educativa, conhecer e recriar as prescrições, se apropriar de meios e recursos técnico-semióticos para o trabalho de ensino: além de mediar o seu próprio trabalho, implica organizar e mediar o trabalho dos alunos, em sua dimensão individual e coletiva — como atividade mediatizada e mediatizante (Clot, 2010).

Com relação ao professor alfabetizador, a complexidade e, por isso mesmo, a riqueza de seu trabalho estão na possibilidade de construir suas propostas de ensino. Não se trata somente de escolher um material ou recurso didático, e menos ainda de escolher um "método de alfabetização" com etapas fixas e pré-definidas. O trabalho de ensino requer um constante ajuste e acompanhamento. Trata-se de observar e conhecer seus alunos, estando atento aos processos de desenvolvimento para planejar formas de intervenção e de organização da atividade educativa, o que inclui organizar e sistematizar *recursos didáticos* que possam ser convertidos em *recursos técnico-semióticos* para o domínio, além da escrita, dos mais variados sistemas culturais externos elaborados ao longo da história da humanidade. Deste modo, cotidianamente construindo e exercendo a autoria de seu trabalho, na dinâmica da sala de aula e dos coletivos de trabalho, o professor pode ampliar seu *poder de agir* (Clot, 2010).

Assim, dentre as questões que a *concepção discursiva de alfabetização* engendra, relevamos o *trabalho de ensino* e o *gesto de ensinar* (ver Smolka nesta coletânea) como condições primordiais para a construção de práticas de alfabetização que intensifiquem o movimento discursivo de trabalho de/na linguagem. E, da mesma forma que o processo de alfabetização, o trabalho do professor pode ser compreendido como discursivo e dialógico, uma linha do desenvolvimento cultural relacionada à apropriação de meios e recursos semióticos específicos para sua atividade.

Referências

ALBUQUERQUE, E. B. C. de; MORAIS, A. G. de; FERREIRA, A. T. B. As práticas cotidianas de alfabetização: o que fazem as professoras? *Revista Brasileira de Educação*. Rio de Janeiro. v. 13, n. 38, p. 252-264, ago. 2008.

AMIGUES, R. Trabalho do professor e trabalho de ensino. In: MACHADO, A. R. (Org.). *O ensino como trabalho*: uma abordagem discursiva. Londrina-PR: Eduel, 2004, p. 35-53.

BAKHTIN, M. M. (V. Volochinov). *Marxismo e filosofia da linguagem*. 3. ed. São Paulo: Hucitec, 1986.

BAKHTIN, M. M. *Estética da Criação Verbal*. 2. ed. São Paulo: Martins Fontes, 1997.

BELINTANE, C. Leitura e alfabetização no Brasil: uma busca para além da polarização. *Educação e Pesquisa*, São Paulo. v. 32, n. 2, p. 261-277, ago. 2006.

BRONCKART, J.-P. Posfácio: Ensinar: um "métier" que, enfim, sai da sombra. In: MACHADO, A. R.; CRISTOVÃO, V. L. L.; ABREU-TARDELLI, L. S. (Orgs.). *Linguagem e educação*: o trabalho do professor em uma nova perspectiva. Campinas: Mercado de Letras, 2009, p. 161-174.

BRONCKART, Jean-Paul. *Atividade de linguagem, discurso e desenvolvimento humano*. MACHADO, A. R.; MATENCIO, M. de L. M. (Orgs.). Campinas: Mercado de Letras, 2006.

CLOT, Y. *A função psicológica do trabalho*. Petrópolis, RJ: Vozes, 2006.

_____. *Trabalho e poder de agir*. LIMA, F. de P. A.; RIBEIRO, R. (Orgs.). Belo Horizonte: Fabrefactum, 2010.

DE LEMOS, C. T. G. Prefácio. In: KATO, M. A. (Org.). *A concepção da escrita pela criança*. Campinas: Pontes, 1988, p. 9-14.

_____. Sobre a aquisição da escrita: algumas questões. In: ROJO, R. (Org.). *Alfabetização e letramento*: perspectivas linguísticas. 1. ed. Campinas: Mercado de Letras, 1998. p. 13-31.

_____. Sobre o ensinar e o aprender no processo de aquisição da linguagem. *Cadernos de Estudos Linguísticos*. Campinas. v. 22, 1992.

FRANCHI, C. Linguagem — Atividade Constitutiva. *Cadernos de Estudos Linguísticos*, Campinas, 22, p. 9-39, jan./jun.1992 [Publicação original *Almanaque*, 5, São Paulo: Brasiliense, 1977].

FRIEDRICH, J. *Lev Vigotski: mediação, aprendizagem e desenvolvimento:* uma leitura filosófica e epistemológica. Campinas: Mercado de Letras, 2012.

GERALDI, J. W. *Linguagem e ensino:* exercícios de militância e divulgação. Campinas: Mercado de Letras; Associação de Leitura do Brasil, 1996.

_____. Por que práticas de produção de textos, de leitura e de análise linguística? In: SILVA, L. L. M. da; FERREIRA, N. S. de A.; MORTATTI, M. do R. L. (Orgs.). *O texto na sala de aula:* um clássico sobre o ensino de língua portuguesa. Campinas: Autores Associados, 2014, p. 207-222.

MACHADO, A. R. (Org.). *O ensino como trabalho:* uma abordagem discursiva. Londrina-PR: Eduel, 2004.

MONTEIRO, S. M. Exercícios para compreender o sistema de escrita nos livros de alfabetização. In: BATISTA, A. A. G.; COSTA VAL, M. da G. (Orgs.). *Livros de alfabetização e de Português: os professores e suas escolhas.* Belo Horizonte: Ceale; Autêntica, 2004, p. 201-238

NOGUEIRA, A. L. H. *A atividade pedagógica e a apropriação da escrita.* Campinas, 1991. Dissertação (Mestrado em Educação). Faculdade de Educação, Universidade de Campinas, 1991.

PINO, A. *As marcas do humano:* às origens da constituição cultural da criança na perspectiva de Lev S. Vigotski. São Paulo: Cortez, 2005.

SAVIANI, D. *História das ideias pedagógicas no Brasil.* 1. ed. Campinas: Autores Associados, 2007.

SMOLKA, A. L. B. *A criança na fase inicial da escrita:* a alfabetização como processo discursivo. 2. ed. São Paulo: Cortez; Campinas: Ed. Unicamp, 1989.

_____. A prática discursiva na sala de aula: uma perspectiva teórica e um esboço de análise. *Cadernos Cedes,* Campinas: Papirus, n. 24, p. 51-65, 1991.

_____. Da alfabetização como processo discursivo: os espaços de elaboração nas relações de ensino. In: GOULART, C. M. A.; GONTIJO, C. M. M.; FERREIRA, N. S. de A. (Orgs.). *A Alfabetização como Processo Discursivo — 30 anos de "A Criança na Fase Inicial da Escrita".* São Paulo: Cortez, 2017.

VANZELLA, Lila Cristina Guimarães. Projeto de Incentivo à Leitura: o trabalho com a criança, a alfabetização e o professor na sala de aula, na escola. In: GOULART, C. M. A.; GONTIJO, C. M. M.; FERREIRA, N. S. de A. (Orgs.). *A Alfabetização como Processo Discursivo — 30 anos de "A Criança na Fase Inicial da Escrita".* São Paulo: Cortez, 2017.

VIGOTSKI, L. S. A defectologia e o estudo do desenvolvimento e da educação da criança anormal. *Educação e Pesquisa*, São Paulo, v. 37, n. 4, p. 863-869, Dec. 2011.

_____. Quarta aula: a questão do meio na pedologia. *Psicologia USP*, São Paulo, v. 21, n. 4, p. 681-701, 2010.

_____. *Obras Escogidas*. v. III (Problemas del desarrollo de la psique). Madrid: Visor, 1995.

Apontamentos sobre o livro
*A criança na fase inicial de escrita:
a alfabetização como processo discursivo*

*Cláudia Maria Mendes Gontijo
Dania Vieira Monteiro da Costa*

Considerações iniciais

> Quanto tempo
> Duram as obras? Tanto
> Quanto o preciso pra ficarem prontas.
> Pois enquanto dão que fazer
> Não ruem.
> (Brecht, Bertolt. Trecho do poema "Sobre a construção das obras duradouras")

Escrever sobre a obra *A criança na fase inicial de escrita: a alfabetização como processo discursivo*, de autoria de Ana Luiza Bustamante Smolka, originária da sua tese de doutoramento, defendida há 30 anos, é um desafio necessário no atual contexto político, educacional e econômico pelo qual passa o nosso país. No entanto, não é uma tarefa fácil escrever sobre uma obra duradoura, que tem como característica fundamental abrir possibilidades para as práticas educativas e para estudos no campo da alfabetização.

Tomamos em mãos a segunda edição da obra e, na primeira página, a data manuscrita (1991) indica quando o texto foi lido pela primeira vez. Obviamente, tivemos que reler outras, principalmente, porque, no início da década de 1990, tudo que foi escrito no livro era muito diferente do que conhecíamos sobre a alfabetização. Os estudos de Liev Seminovich Vygotski e de Mikhail Bakhtin que ancoram o texto começaram a ser divulgados no meio educacional sem ter ainda o destaque e o reconhecimento que têm na atualidade.

As páginas amarelas sinalizam que o tempo passou, mas não a obra que continua atual. Folheamos as páginas, tentando encontrar marcas, indícios nas leituras para construir um caminho para a composição deste artigo. Encontramos muitas anotações, de diferentes cores, caligrafias, variadas formas de observações, indiciando a dificuldade de seguir um caminho a partir das marcas de leituras, pois cada uma fez sentido no momento de sua realização que, agora, se torna difícil de recuperar.

A despeito dessa dificuldade, tentaremos seguir algumas das marcas encontradas na obra para elaborar este artigo, que tem como único propósito homenagear uma das mais brilhantes possibilidades de pensar a alfabetização para além de aspectos meramente linguísticos, enfatizando, como anuncia o título, *processos discursivos*. Com esse propósito, excetuando essas considerações, organizamos este texto em três partes. Na primeira, buscamos compreender os pontos de partida da obra, enfatizando as mudanças nas relações de ensino — aprendizagem. Na segunda, destacamos controvérsias no campo da alfabetização e como a obra se situa em meio às polêmicas. Na terceira, apontamos, a partir das nossas leituras, elementos da pesquisa que podem contribuir para repensar a alfabetização. Na última parte, tecemos algumas considerações, apontando, mais uma vez, a relevância da obra para a ressignificação das relações de ensino.

Pontos de partida...

A obra *A criança na fase inicial de escrita: a alfabetização como processo discursivo* parte de muitas perguntas que, até hoje, não tiveram respostas satisfatórias. Destacamos algumas re-assinaladas nas leituras: "Alfabetizar? Para quê? Como? Em que condições?" (Smolka, 1989, p. 27). As ideias da educação compensatória e do construtivismo que vieram a se constituir como parâmetros para a proposição de políticas públicas nacionais responderam, de certo modo, a essas questões, sem, contudo, solucionar graves problemas, como a evasão e a repetência nas escolas públicas.

A partir de perguntas, de trajetórias de leituras e de pesquisas, conforme apontado na obra, fica "[...] a necessidade de se buscar conhecer e compreender os *processos de leitura e escritura no jogo das interações sociais*. E isso nos leva a novos problemas" (Smolka, 1989, p. 27, grifos da autora). Para suprir essa necessidade, em primeiro lugar, apesar das importantes contribuições de muitos pesquisadores da leitura, dos processos de *aquisição* da escrita etc. nos campos da linguística, da psicologia, da pedagogia, seria também necessário partir "[...] de uma teoria da enunciação e da Análise do Discurso" (Smolka, 1989, p. 29), construir ou buscar outros e novos parâmetros para o estudo pretendido.

Assim, a começar pelos pontos de partida (objetivo central e bases conceituais), é possível identificar dois elementos não enfatizados na produção científica e acadêmica da época[1]: o estudo da alfabetização, da aprendizagem da leitura e da escrita no interior das interações sociais; as bases conceituais e referenciais para o estudo da alfabetização de crianças. Pistas no texto indiciam a novidade e, portanto, a necessidade de explicar a aplicação da teoria da enunciação e da Análise do Discurso às questões pedagógicas. Nesse sentido, a autora explicita que as bases conceituais são tomadas por duas razões:

> Primeiro, porque, para mim, a alfabetização implica *leitura e escritura* que vejo como *momentos discursivos*. Segundo, porque o próprio *processo de aquisição* também vai se dando numa *sucessão de momentos discursivos*, de interlocução, de interação (Smolka, 1989, p. 29, grifos da autora).

É necessário salientar que a única obra de Mikhail Bakhtin citada no livro, equivalendo à teoria da enunciação, é *Marxismo e filosofia da*

---

1. Produção revisitada nas primeiras páginas da obra.

linguagem, porque, nessa época, era a única com tradução para o português. Nessa obra, Smolka acentua a *interação verbal* que produz, em situações concretas, a transformação da própria linguagem e dos sujeitos. A partir do pensamento de estudiosos da Análise do Discurso (dentre os quais dialoga com Orlandi, 1983, e Pêcheux, 1969), a autora redefine as relações pedagógicas, de ensino, ao assinalar dificuldades de estabelecer lugares, papéis ou funções para os interagentes nas relações, rompendo com "[...] o esquema linear e estrito da 'comunicação pedagógica'" (Smolka, 1989, p. 45). Nessa direção, o lugar de *quem ensina* pode ser ocupado pelas crianças, docentes ou qualquer outro agente da relação.

Essa alternância proposta pela autora da obra implica *carnavalização* da sala de aula, como caminho necessário para o reconhecimento e valorização dos diferentes sujeitos, das diferentes linguagens, dos variados saberes e experiências que dialogam e se encontram nesse espaço. A *carnavalização*, na visão de mundo bakhtiniana, não está assentada em um esquema rígido de lugares sociais definidos pelas leis, pela Igreja, pelos poderes instituídos ou pelo didatismo no campo educacional, mas em uma forma flexível de ver e viver o/no mundo. A festa carnavalesca, em sentido amplo, destrói as hierarquias criadas pelos próprios humanos, o medo, as formas de reverência e de devoção. Bakhtin (1999, p. 237), na obra *A cultura popular na Idade Média e no Renascimento*, ao analisar o *Decameron*, de Giovanni Boccaccio, assinala que, nesse livro, o autor, "[...] dá o direito de falar de outra maneira, de ver de outra forma a vida e o mundo; todas as convenções caem, assim como as leis, 'tanto as divinas como as humanas silenciam'".

Parafraseando Bakhtin, poderíamos dizer que a proposição, na obra *A criança na fase inicial de escrita: a alfabetização como processo discursivo*, de alternância de *quem ensina*, de *quem aprende*, produz mudanças nas relações de ensino — aprendizagem de caráter *revolucionário*. Inverte-se a ordem, "rasgam-se todas as fronteiras" que separam professores e alunos, criando espaços para que crianças e professores, adultos e crianças usufruam do direito de expressar suas visões de mundo, seus modos de compreendê-lo, incluindo, aqui, sobretudo, suas formas de elaboração da escrita, proporcionando, desse modo, que o conhecimento sobre a linguagem escrita se renove nas relações e que os sujeitos se constituam como tais nesse processo.

Controvérsias entre diferentes pontos de vista

É importante salientar que a obra *A criança na fase inicial de escrita: a alfabetização como processo discursivo* surge em um contexto em que há muitas polêmicas acerca do *como alfabetizar* as crianças. A autora da obra não deixa, portanto, de problematizar ou de discutir essas posições ou *pontos de vista didático-pedagógicos*, a partir de uma situação de sala de aula. Poderia dizer que as problematizações mais inovadoras recaem sobre o construtivismo que ganha relevo no cenário educacional na segunda metade da década de 1980 e se torna a teoria que orienta políticas públicas de alfabetização até a atualidade.

O construtivismo, no campo da alfabetização, adquire caráter de teoria revolucionária, principalmente pelo fato de retirar o foco de quem ensina, o(a) professor(a), e colocá-lo na criança, *quem aprende*. Dessa forma, há uma inversão da relação *ensino — aprendizagem* para *aprendizagem — ensino*, pois importa mais a aprendizagem, portanto, como a criança elabora ou cria hipóteses sobre as relações entre pauta sonora e escrita (objeto de conhecimento).

Destacaremos algumas das análises formuladas no livro *A criança na fase inicial de escrita: a alfabetização como processo discursivo* com base em duas obras (Ferreiro e Teberosky, 1979; Ferreiro e Palacio, 1982). Segundo Smolka (1989, p. 50), as pesquisas das duas primeiras autoras citadas assinalam "[...] que os métodos de alfabetização e os procedimentos de ensino baseados em concepções adultas não estão de acordo com os processos de aprendizagem e as progressões das noções infantis sobre a escrita". Nessa direção, conforme Ferreiro e Palacio (1982, p. 131), referenciadas pela autora, "[...] o processo de aprendizagem não é conduzido pelo professor, mas pela criança", pelo sujeito piagetiano, que passa pelas fases de desenvolvimento independente da cultura. Smolka (1989, p. 50) também assinala que a construção do conhecimento sobre a escrita pelas crianças, na abordagem construtivista, segue "[...] uma progressão, etapas e hipóteses que as crianças levantam sobre a escrita". Conforme aponta a autora, Ferreiro e Palacio (1982) falam de regressões e discrepâncias na linha evolutiva, quando as crianças escrevem orações. Contudo, Smolka (1989, p. 53) acentua: "Deve-se ter claro [...] que as 'hipóteses' são uma 'construção de adultos' com base em indicadores verbais (orais e escritos) das crianças", mas não permanecem na escrita de orações.

Quanto à concepção de linguagem que orienta as teorizações construtivistas, Smolka (1989, p. 62) salienta a sua adequação ao estruturalismo linguístico de Noam Chomsky e ao estruturalismo construtivista de Jean Piaget, "[...] na medida em que a linguagem é considerada, aprioristicamente, com suas propriedades, como objeto a ser conhecido (consideração, essa, característica de um 'linguista' e característica, também, do 'sujeito epistemológico piagetiano')". Para a autora, o estruturalismo chomskyano e piagetiano, a despeito de os pontos de partida e os objetivos serem distintos,

> [...] se "equivalem" no sentido de que as ideias de totalidade, transformação e autorregulação permeiam ambas as teorias. O ponto de vista estruturalista serve de apoio tanto para o *a priori* linguístico chomskyano — "gramática universal", "locutor ideal" — como para o *a priori* cognitivo piagetiano — "inteligência geral", "sujeito epistemológico" (Smolka, 1989, p. 52).

Assim, mesmo reconhecendo a importância das teorizações construtivistas, Smolka (1989) aponta que a relação entre a criança e a escrita (objeto de conhecimento) é analisada fora do contexto da sala de aula, ou seja, das relações de ensino. Esse é um aspecto relevante, mas não, necessariamente, impede o conhecimento dos processos de desenvolvimento. Assim, numa linha diversa do construtivismo, a autora discutirá a *alfabetização como um processo discursivo*, valendo-se, para isso, de referenciais teóricos e metodológicos distintos daqueles utilizados pelas autoras construtivistas. Nesse sentido, abre um largo espaço para novas pesquisas que levam em conta as crianças e as professoras concretas que, de fato, existem nas escolas.

As críticas ao construtivismo, sobretudo quanto aos níveis de desenvolvimento da escrita nas crianças, tiveram pouca ressonância no meio educacional brasileiro. Esses níveis se tornaram uma espécie de âncora para a avaliação das crianças em fase inicial de alfabetização e têm sido ensinados aos(as) professores(as) alfabetizadores(as) nos programas de formação adotados a partir da década de 1990. Vejamos, por exemplo, o relato de uma professora encontrado em um dos *Cadernos* utilizados no Programa Pacto Nacional pela Alfabetização na Idade Certa (Brasil, 2012) como modelo para as práticas docentes de avaliação das crianças.

Ana Cristina Bezerra da Silva, professora do 1º ano de uma escola da rede municipal de ensino do Recife, relata de forma breve como faz uso da avaliação diagnóstica para identificar os conhecimentos das crianças em relação ao Sistema de Escrita Alfabética e poder planejar as atividades de forma a possibilitar que elas avancem em suas hipóteses de escrita:

"Nos primeiros dias de aula deste ano letivo foi estabelecido pela coordenação da escola, juntamente com todos os professores, um período de sondagem inicial (ou diagnóstico da turma), para que pudéssemos descobrir o que cada aluno sabia sobre o sistema de escrita, bem como identificar quais hipóteses da língua escrita em que as crianças encontravam-se para que pudéssemos adequar o planejamento das aulas de acordo com as necessidades de aprendizagem do grupo. Essa avaliação inicial me permite acompanhar os avanços na apropriação do Sistema de Escrita Alfabética durante todo ano. A sondagem inicial foi realizada através de uma atividade feita individualmente com a produção espontânea de uma lista de palavras de um mesmo grupo semântico que, no caso desta turma, escolhi nome de alguns animais (SAPO, CAVALO, MACACO, CORUJA, VACA, GATO). Em outro momento fiz aplicação de uma avaliação elaborada pela coordenadora para aplicação nas turmas do 1º ano, em seguida foram tabulados os acertos de cada criança de acordo com os descritores estabelecidos pela escola. Com base nessa tabela, foi possível fazer uma análise crítica de como deveria ser a rotina e quais atividades seriam contempladas para que cada criança avançasse do seu estágio inicial de escrita. Com o resultado desta sondagem organizei as primeiras atividades para que pudesse fazer as intervenções adequadas à diversidade de saberes da turma. Como, no grupo de dezessete alunos, doze estavam no nível pré-silábico, iniciei as atividades partindo do nome das crianças, para que as crianças entrassem em contato com a leitura e a escrita através do que lhe pertence, que é o seu nome. Elaborei também um quadro, para que, no final de cada bimestre, pudesse manter um registro criterioso do processo de evolução das hipóteses de escrita das crianças, pois é através das sondagens e da observação cuidadosa e constante das produções dos alunos durante o ano, que eu posso saber em que momento se encontra cada um, e se a minha rotina está funcionando, e como posso ajustar o planejamento do meu trabalho para que, no final do ano letivo, todos estejam alfabetizados." (Ana Cristina Bezerra da Silva, professora do 1º Ano da Escola Municipal Maurício de Nassau – Recife/PE).

Fonte: BRASIL. Ano 1, unidade I, 2012.

Como pode ser lido no relato, a escola estabeleceu um período de aplicação de diagnóstico para as crianças iniciantes com a finalidade de identificar em quais níveis elas se encontravam a fim de adequar o planejamento a essas hipóteses elaboradas nesses níveis. A avaliação consistiu na escrita de seis palavras do mesmo campo semântico (animais).

Os estranhamentos a esse tipo de avaliação, mesmo que incidam somente sobre os conhecimentos sobre o sistema de escrita da língua portuguesa, permanecem, principalmente, porque partem de uma forma determinada pelos adultos para pensar o desenvolvimento infantil, não levando em conta, conforme assinala Smolka (1989), as interações verbais, as diferentes formas de aprender e conhecer. A professora possui conhecimento da teoria, teoria que determinou que, sob certas circunstâncias, podem ser observadas sempre as mesmas etapas, as mesmas respostas, diferenciando-se apenas em níveis, que passam a servir de ponto de partida para o planejamento, para o ensino.

A hegemonia obtida pelas teorizações construtivistas no campo da alfabetização, principalmente devido ao fato de terem sido adotadas oficialmente, ancorou os diferentes programas nacionais de formação de professores alfabetizadores desde a década de 1990. Sua ênfase nos aspectos linguísticos inibe as criações infantis e também a criação de novas teorias que levem em conta os fazeres docentes e das crianças. Nessa direção, é necessário acentuar a posição de Smolka (1989) por sua atualidade para pensar a alfabetização, os estudos e as práticas de alfabetização. Após analisar as bases conceituais, a metodologia e os resultados das pesquisas construtivistas, assinala que:

> [...] enquanto Ferreiro fala de "identidade" e "similitude" e procura as semelhanças indicando um "paralelismo entre a história cultural e a psicogênese", coerente com o pressuposto epistemológico linguístico piagetiano, impõe-se, para mim, neste trabalho, a necessidade de evidenciar e compreender precisamente as *diferenças* assumindo que as constantes mudanças e a incessante elaboração dos sistemas simbólicos levam a uma contínua reestruturação da atividade mental dos homens no processo histórico. Essa constante reestruturação não é apenas formal e individual, ela

é fundamentalmente sociocultural, constituída, trabalhada e produzida na interação social (Smolka, 1989, p. 56, grifo da autora).

Diante do relato referenciado neste texto, pode-se dizer que estamos longe, no campo da alfabetização, de reconhecer práticas e pesquisas que levem em conta as *diferenças* e de escapar de teorias que definem os sujeitos (professores e crianças) e as práticas de *aprendizagem — ensino*. O discurso científico tornado oficial se sobrepõe à vida na escola e faz dos sujeitos apenas objetos, definindo seus destinos, suas características. Por isso, a necessidade de reconhecimento da obra *A criança na fase inicial de escrita: a alfabetização como processo discursivo*, pois rompe com esquemas teóricos estruturantes da vida dos sujeitos.

Caminhos...

Nesta parte, considerando os limites deste texto, gostaríamos de chamar a atenção para um aspecto da obra *A criança na fase inicial de escrita: a alfabetização como processo discursivo* que, por várias vezes, grifada, marcada por mim no livro que possuo, continua a me instigar. Refiro-me ao que Smolka (1989) caracterizou como *marcas do discurso interior* nas escritas de crianças em início da escolarização.

Segundo a autora, "[...] quando as crianças começam a escrever o que pensam, o que querem dizer, contar, narrar, elas escrevem porções, fragmentos do 'discurso interior' (que é sempre diálogo consigo mesmo ou com os outros)" (Smolka, 1989, p. 75). O discurso interior foi estudado por Vygotski (2001, 1934).[2]

Como argumenta esse autor, o discurso/linguagem interior nasce do processo de diferenciação da linguagem para si e para o outro. Dessa forma, ela é dirigida para o próprio sujeito que pensa. É considerada "[...]

---

2. A segunda data refere-se à produção da obra, conforme Índice cronológico apresentado no Tomo II das *Obras escogidas* (2001).

uma função verbal completamente especializada e distinta quanto à sua formação e modo de funcionamento" (Vygotski, 2001, p. 319, tradução minha). Assim, conforme assinala Smolka (1989, p. 70), apoiada nas descobertas de Vygotski:

- o discurso interior parece desconexo e incompleto;
- o discurso interior é quase completamente predicativo porque a situação, o assunto pensado, é sempre conhecido de quem pensa;
- a sua sintaxe, portanto, é abreviada;
- há predomínio do sentido sobre o significado;
- há aglutinação de palavras;
- há integração de sentidos (influxo de sentidos).

É necessário salientar que essas características do discurso interior foram observadas na linguagem egocêntrica infantil, pois, para Vygotski (2001), essa representa um dos fenômenos de transição das funções interpsíquicas às intrapsíquicas, ou seja, da forma de atividade social coletiva da criança a suas funções individuais. Acredita ainda que todas as características do discurso interior e da linguagem egocêntrica infantil podem, em determinadas circunstâncias, aparecer na linguagem dirigida para os outros, ou seja, a tendência à predicação, a redução fonética, o predomínio do sentido sobre o significado, a aglutinação das unidades semânticas, o influxo do sentido das palavras e o caráter idiomático da linguagem.

A despeito de Vygotski (2001) pensar o discurso interior e o discurso escrito como monólogos, considerando a ausência de interlocutores imediatos, como no discurso oral, Smolka (1989) recorre a Bakhtin (1981, p. 63) que também expressou suas ideias sobre o discurso interior, enfatizando "[...] que nenhuma das categorias elaboradas pela linguística para analisar as formas da linguagem exteriorizada, da fala (lexicografia, gramática, fonética), é aplicável ao discurso interior e, supondo que fossem, elas deveriam ser radicalmente redefinidas". Segundo esse autor, as formas do discurso interior *assemelham-se às réplicas de um diálogo*, isto é, são respostas e, por isso, a sua compreensão somente pode ocorrer em estreita relação com "[...] as condições históricas da situação social e de todo o curso pragmático da existência" (Bakhtin, 1981, p. 64).

A partir dessas observações e do exame de escritas de crianças em fase inicial do aprendizado da leitura e da escrita, Smolka (1989, p. 69) sugere possibilidades para refletir sobre as marcas do discurso interior nessas escritas, mas, para isso, seria necessário um novo ponto de vista sobre a alfabetização. Ela então o elabora:

> [...] a alfabetização não implica, obviamente, apenas a aprendizagem da escrita de letras, palavras e orações. Nem tampouco envolve apenas uma relação da criança com a escrita. A alfabetização implica, desde a sua gênese, a *constituição de sentido*. Desse modo, implica, mais profundamente, uma *forma de interação com o outro pelo trabalho de escritura* — para quem eu escrevo o que escrevo e por quê? (Grifos da autora).

Assim, acentua que a alfabetização é um processo de constituição de sentidos, uma forma de interação com os outros pelo trabalho de escrita. Concebida como interação com os outros, seria também possível observar nas produções gráficas infantis mais do que tentativas de relacionar o oral com o escrito. Como questiona Smolka (1989, p. 71), "[...] além de dizermos que o discurso interior traz as marcas do discurso social, não poderíamos dizer que o discurso escrito, sobretudo na gênese, traz as marcas do discurso interior?".

Bakhtin (1981, p. 64) comenta que as questões relativas ao discurso interior ainda não haviam sido tratadas de maneira satisfatória até as primeiras décadas do início do século XX. Para compreendê-las, seria preciso "[...] esclarecer outros problemas elementares e fundamentais da filosofia da linguagem, em particular problemas da enunciação". Acreditamos que, em sua obra, muitas questões da enunciação foram aprofundadas, ajudando a abrir caminhos para estudos das marcas do discurso interior na escrita das crianças em fase inicial de alfabetização, valendo-se, ainda, das contribuições da obra *A criança na fase inicial de escrita: a alfabetização como processo discursivo*.

Considerações finais

Para finalizar, gostaria ainda de destacar o contexto de defesa da tese e publicação da obra — segunda metade da década de 1980. No que se refere à década de 1980, Saviani (2007, p. 400) sublinha um aspecto particular, qual seja, "[...] a busca de teorias que não apenas se constituíssem como alternativas à pedagogia oficial, mas que a ela se contrapusessem". Nesse sentido, ele aponta para um intenso movimento no meio educacional, nessa década, que proporcionou a construção ou o aprofundamento de ideias pedagógicas que tinham esse propósito, contrapondo-se, desse modo, ao suposto de que essa década teria o caráter de "década perdida".

Segundo Saviani (2007), as pedagogias da educação popular, as pedagogias práticas, a pedagogia crítico-social dos conteúdos e a pedagogia histórico-crítica foram ganhando contornos mais claros e sendo sistematizadas de modo a contribuir com o desenvolvimento educacional do país após o fim da ditadura militar e a difícil passagem para a democracia. Todavia, conforme realça esse autor, os resultados dos esforços não foram animadores, pois as teorias contra-hegemônicas não foram tomadas para sustentar as políticas educacionais. No campo da alfabetização, várias concepções passam a orientar as políticas e as práticas, ganhando hegemonia a teoria construtivista oriunda dos estudos de Emília Ferreiro e Ana Teberosky sobre a psicogênese da língua escrita, restando, em nossa opinião, pouco espaço para as teorias contra-hegemônicas.

A publicação da obra *A criança na fase inicial de escrita: a alfabetização como processo discursivo* revela a busca de construção, no campo da alfabetização, de teoria e práticas que se contrapõem aos modelos oficiais, aos métodos e às formas de definir os processos de desenvolvimento infantil.

Apesar das dificuldades, essa obra ganhou notoriedade ao longo das últimas décadas e, dessa forma, tornou-se um excelente ponto de partida para reinventar as práticas de ensino nos anos iniciais de escolarização; porém, ainda resta o desafio apontado pela autora relativo às questões pedagógicas e procedimentos de ensino usados nas instituições educativas:

[...] a escola tem ensinado as crianças a escrever, mas *não* a dizer — e sim, repetir — palavras e frases pela escritura; não convém que elas digam o que pensam, que elas escrevam o que dizem, que elas escrevam *como* dizem (porque o "como dizem revelam as diferenças"); a escola tem ensinado a ler um sentido supostamente unívoco e o literal das palavras e dos textos e a escola tem banido aqueles que não conseguem aprender o que ela ensina, culpando-os pela incapacidade de entendimento e compreensão. O que a escola, como instituição, não percebe é que a incompreensão não é fruto de uma incapacidade do indivíduo, mas é resultado de uma forma de interação (Smolka, 1989, p. 112, grifos da autora).

Nesse sentido, infelizmente, ainda não foi bem compreendida na atualidade a importância dos sujeitos no processo de elaboração dos conhecimentos e nem mesmo a possibilidade de tornar a escola lugar de encontro em que todos ensinam e aprendem a partir de suas vivências, de suas experiências e do diálogo com as experiências e vivências alheias. A alfabetização é vista, na obra *A criança na fase inicial de escrita: a alfabetização como processo discursivo*, como processo e não apenas como resultado. Como processo revela um caminhar que se realiza nas relações/interações entre os sujeitos que podem ocupar diferentes lugares nas relações de ensino. Como caminhar, não se faz, não se realiza da mesma maneira para todos os sujeitos; pelo contrário, é um processo de mudanças contínuas que não cabe em nenhum esquema teórico pré-elaborado. Talvez, seja esse o principal aprendizado que podemos retirar da obra sobre a qual tenho a honra de escrever estas páginas.

Referências

BAKHTIN, M. *Marxismo e filosofia da linguagem*. São Paulo: Hucitec, 1981.

_____. *A cultura popular na Idade Média e no Renascimento*: o contexto de François Rabelais. 4. ed. São Paulo: Hucitec, 1999.

BRASIL. *Pacto Nacional pela Alfabetização na Idade Certa*: currículo na alfabetização, concepções e princípios. Brasília: Ministério da Educação, Secretaria da Educação Básica, Diretoria de Apoio à Gestão Educacional, ano 1, unidade I, 2012.

FERREIRO, E.; TEBEROSKY, A. *Los sistemas de escritura en el desarrollo del niño*. México: Siglo Veintiuno, 1979.

_____; PALACIO, M. G. (Orgs.). *Nuevas perspectivas sobre los procesos de lectura y escritura*. México: Siglo Veintiuno, 1982.

ORLANDI, E. *A linguagem e seu funcionamento*. São Paulo: Brasiliense, 1983.

PÊCHEUX, M. *Analyse automatique du discours*. Paris: Dinod, 1969.

SAVIANI, D. *História das ideias pedagógicas no Brasil*. Campinas: Autores Associados, 2007.

SMOLKA, A. L. B. *A criança na fase inicial de escrita*: a alfabetização como processo discursivo. 2. ed. São Paulo: Cortez; Campinas: Editora da Universidade Estadual de Campinas, 1989.

VYGOTSKI, L. S. *Obras escogidas II*: incluye pensamiento y lenguage conferencias sobre psicología. Madrid: Visor, 2001.

Estudos do discurso como referência para processos de alfabetização em perspectiva discursiva

Cecília M. A. Goulart
Andréa Pessôa dos Santos

Alfabetizar? Para quê? Como? Em que condições? Inúmeras perguntas como essas marcam a parte inicial da tese de doutorado *A criança na fase inicial da escrita: a alfabetização como processo discursivo*, da professora e pesquisadora Ana Luiza Bustamante Smolka (Smolka, 1987). Antecedendo e sucedendo as perguntas apresentadas, outras indagações tensionam a temática da aprendizagem da língua escrita em momento histórico de grande articulação pela redemocratização do Brasil, o que gerou importante movimentação acadêmica e cultural, entre outras.

Na complexidade do tempo histórico que o país vivia na década de 1980, discussões de natureza político-social sobre novas condições e perspectivas pedagógicas instauravam variados debates, especialmente sobre modos de conceber os processos de ensino-aprendizagem, mas não somente. A intensa repercussão de referenciais teórico-metodológicos, principalmente de áreas ligadas às ciências da linguagem — linguística, sociolinguística, psicolinguística, linguística textual, teoria da enunciação e análise de discurso —, provocava a revisão da concepção de linguagem, assumida "como prática social, como produção e produto da atividade humana, constitutiva dos sujeitos em interação", conforme Smolka em

Pequena nota à 13ª edição do livro que trouxe a público a sua tese (Smolka, 2012, p. 13; a edição original do livro é de 1988), ou seja, a atividade da linguagem compreendida como discurso.

Na mesma nota à 13ª edição, citada no parágrafo anterior (Smolka, 2012, p. 11-14), em livro que tornou pública a pesquisa realizada na tese, a autora destaca que:

> Quando, há três décadas, argumentei sobre o modo de conceber a *alfabetização como processo discursivo*, as ideias que ancoravam essa concepção se aproximavam do que tem sido designado como letramento, implicando, portanto, as condições concretas de imersão dos sujeitos no mundo da escrita, das práticas de leitura e escrita em uso e em transformação, incluindo as práticas midiáticas e a informatização. (2012, p. 13, grifo da autora)

Três pontos principais articulavam a proposta pioneira de Smolka, observando-se a mesma nota citada anteriormente: os modos de participação das crianças na cultura; os diversos modos de apropriação da forma escrita de linguagem pelas crianças; e as relações de ensino. No mesmo texto, Smolka, ao refletir sobre as possíveis contribuições do livro para o ensino da escrita, destaca algo que, independentemente das (não) mudanças nos processos, persiste: o gesto de ensinar. Afirma então que este é o tema do livro, "o trabalho de ensinar crianças a ler e a escrever, de singelos gestos de ensinar, mesmo na era da informatização" (p. 14).

Feito esse preâmbulo de contextualização de nosso artigo, escolhemos tomar como referência dois pilares teóricos que contribuíram muito para considerar, em 1987, o processo de alfabetização como discursivo. Discutimos aspectos dos fundamentos que organizam a análise de discurso de orientação francesa, incluindo aqui estudos de Eni Orlandi, e aspectos da teoria da enunciação, de Bakhtin, o outro pilar, para a compreensão da dimensão discursiva.

Ao final, buscaremos algumas marcas na análise da prática de sala de aula organizada por Smolka que indiciem espaços político-pedagógicos em que a autora se apoiou para considerar a importância da dimensão discursiva da alfabetização. O recorte que fazemos nas referências teóricas se dá por necessidade metodológica. Temos clareza de que as referências selecionadas estão de muitos modos miscigenadas com as demais. De qualquer maneira, consideramos que o estudo realizado consiste em contribuição para aprofundar a leitura do livro e mesmo dar continuidade à sua linha de argumentação.

Caracterização do estudo da análise de discurso na tese de Smolka

A década de 1980 foi marcada por investigações sobre diferentes aspectos pertinentes ao processo de alfabetização. Assim, perscrutando aspectos político-pedagógicos (Freire, 1963, 1983; Garcia, 1986; Kramer, 1986), linguísticos (Cagliari, 1982; Abaurre, 1986), psicolinguísticos (Ferreiro e Teberosky, 1986); sociolinguísticos (Soares, 1985; 1986), discursivos e sociointeracionistas (Smolka, 1987), entre outros, buscou-se compreender diferentes aspectos desta complexa aprendizagem, multidimensional, que, desde então, nos impõe uma análise ampla, permanente e refinada.

Nesse contexto, houve uma histórica mudança paradigmática na concepção de linguagem, de alfabetização e, consequentemente, sobre as exigências de uma nova metodologia e novas maneiras de conceber conteúdos para o ensino da língua. Pesquisas na área da sociolinguística (Labov, 1972), sociologia da educação — com ênfase na linguagem (Bourdieu, 1974; Bernstein, 1979), filosofia da linguagem (Bakhtin, 1992) e da análise de discurso (Pêcheux, 1969, 1988; Orlandi, 1983; Maingueneau, 1984), ganharam força num movimento que provocou profundos deslocamentos acadêmico-científicos e didático-pedagógicos.

O entrelaçamento dessas diferentes áreas do conhecimento possibilitou, conforme já mencionado, a estruturação de relevantes princípios teórico-metodológicos, impulsionando a criação de novas concepções de linguagem (sobretudo, na visão sócio-histórica de linguagem) e de alfabetização, além de consequentemente influenciar novas práticas pedagógicas com a linguagem na escola, em favor de um reordenamento do ensino da língua, em que se privilegiam os movimentos de interlocução em situações sociais de produção de linguagem, subordinando a aprendizagem do sistema gramatical da língua à sua utilização social.

Estudos linguísticos de base enunciativa e sociointeracionista afirmavam que a linguagem não poderia mais ser associada, de forma reduzida, a uma concepção meramente instrumental, como mero aparato, nem como algo dado, de sentido transparente. Redimensionando as concepções de língua e linguagem, os estudos apontavam para a necessidade de se entender a língua como uma atividade histórica e situada, investida de sentidos na realidade concreta, uma construção simbólica elaborada no espaço das relações de forças entre os homens através de suas interlocuções e interações.

Apreciando o referencial teórico-metodológico e os conceitos articuladores da tese de Smolka (1987), buscamos compreender como a autora evidencia a dimensão discursiva da alfabetização. De que modo isso acontece? A partir tanto da teoria da enunciação, de Bakhtin, com base no clássico *Marxismo e Filosofia da Linguagem*, como da análise de discurso francesa (AD), de Michel Pêcheux (*Analyse automatique du discours*), de Michel Foucault (*L'ordre du discours e Arqueologia do saber*), e de um conjunto de obras publicadas por Eni Orlandi[1], Smolka se propõe a analisar o processo de aquisição da escrita com base em interações discursivas constitutivas das relações de ensino que envolvem a criança na fase inicial da escrita no contexto escolar.

Compreendendo que a alfabetização implica processos de leitura e escrita como momentos discursivos, que se sucedem em momentos discursivos de interlocução e interação, Smolka considera que a teoria da enunciação de Bakhtin aponta para a importância do fenômeno social da interação verbal nas suas formas orais e escritas situando-as em relação às condições concretas de vida.

Valendo-se de estudos desenvolvidos por Orlandi (1983) sobre "Para quem é o discurso pedagógico?", e conceitos específicos da AD francesa de Pêcheux (1969), Smolka vislumbra "pistas concretas" para uma análise de elementos e de condições da enunciação estabelecidas em situação escolar.

Na constituição de seu arcabouço teórico-analítico, a AD localiza seu objeto de análise num polo situado fora da dicotomia língua/fala. Definido

---

1. Orlandi (1980, 1981a, 1981b, 1983, 1984a, 1984b, 1985 e 1986).

como um terceiro elemento, o discurso[2] é tomado enquanto um conceito teórico, objeto histórico que se manifesta na materialidade da língua, na discursividade inscrita no texto. Aqui discurso é entendido como efeito de sentido (e não transmissão de mensagens) entre interlocutores. No discurso, língua e ideologia se articulam.

O discurso é um conceito que traduz o reconhecimento de que a linguagem não deve ser compreendida como fenômeno apenas de língua, enquanto estrutura sistemática e ideologicamente neutra, mas sim como um fenômeno a ser compreendido pela discursividade, pela materialidade que se inscreve na língua e que constitui os sentidos existentes para além dessa língua imanente. Sintetizando, Orlandi (2006, p. 17) afirma que "O discurso é a materialidade específica da ideologia e a língua é a materialidade específica do discurso".

Entende-se que a discursividade que produz sentidos num texto é acionada pelas condições de produção desse enunciado, pela memória[3] e pela exterioridade inscrita nesse texto. A AD não faz referência às condições de produções de sentidos do discurso numa perspectiva restrita de contexto (contexto imediato da produção), mas num sentido *lato*, que se refere ao tecido histórico-social, a um contexto sócio-histórico e ideológico. Aqui o processo social da linguagem é visto como uma complexidade que é linguística e ao mesmo tempo histórica. Não se pode prescindir da língua, mas essa não se restringe às suas regras históricas, imanentes, ela está sim intimamente ligada à ideologia[4]. Para Orlandi este é o ponto forte da teoria.

---

2. Para Gregolin (2001, p. 2), "(...) na análise do discurso derivada de Pêcheux, o discurso é entendido como um conceito que não se confunde com o discurso empírico de um sujeito (parole saussureana), nem com o texto (o discurso não está na manifestação de seus encaixamentos; sendo um processo, é preciso desconstruir a discursividade para enxergá-lo), nem com a função comunicacional (contra a vulgata da "teoria da comunicação" jakobsoniana, que pensa o emissor e o receptor como sujeitos empíricos.). (...) o discurso é determinado pelo tecido histórico-social que o constitui.".

3. Aqui tomamos o sentido de memória nos termos apresentados por Gregolin (2001, p. 9) "(...) a memória como uma série sócio-histórica de vestígios legíveis que compõem trajetos de sentidos".

4. O conceito de ideologia tem um caráter constitutivo para a AD. Sua base conceitual é a que foi preconizada por Althusser, que a entende como as representações que os seres humanos elaboram ao se vincularem às relações e às condições reais de produção e existência sociais, em que, a partir dessas relações, os sujeitos tornam-se sujeitos sociais. Mais do que representações da realidade, a

(...) ter discutido o modo mesmo como se define e como funciona a ideologia, colocando o discurso como o lugar de acesso e observação da relação entre a materialidade específica da ideologia e a materialidade da língua. (Orlandi, *apud* Maldidier, 2003, p. 12).

Pêcheux (1988, p. 179) nota ainda que *"o discurso só pode ser concebido como um processo social cuja especificidade reside no tipo de materialidade de sua base, a saber, a materialidade linguística"*. Em síntese, pode-se definir o discurso como sendo o objeto teórico pelo qual é possível compreender a relação da língua com a história, explicando, pois, os processos de produção dos sentidos e os efeitos de sentidos nas interlocuções estabelecidas.

O discurso é determinado pela conjuntura sócio-histórica de sua produção. Em outros termos, pode-se afirmar que para a AD a produção de sentidos em linguagem é indissociável das condições que geraram esses sentidos. Ou seja, o que determina os sentidos ou efeitos de sentidos do discurso são as suas condições de produção sócio-histórica.

Orlandi (2002, p. 30) destaca que as condições de produção se referem fundamentalmente às relações entre o sujeito, a situação e a memória. Segundo a autora, podemos considerar essas condições num "sentido estrito" ou "específico" (quando nos referimos às circunstâncias da enunciação num contexto imediato) ou em "sentido amplo" ou "gerais" (quando tomadas num sentido sócio-histórico e ideológico). Para a AD essas condições de produção referem-se sempre a um sentido amplo.

Embora as condições de produção determinem o discurso, não se pode dizer que o discurso seja previsível uma vez que traçadas as suas condições de produção. O discurso é movimento e também equívoco. Pêcheux (1997, p. 85) entende que, se partirmos do pressuposto de causa e efeito entre o sujeito histórico e sua relação com os discursos historicamente produzidos — como referência da posição discursiva desse sujeito frente aos discursos produzidos —, incorreremos numa análise "sociologizante". O que acarretaria, por assim dizer, numa análise limitada,

---

ideologia diz respeito às relações imaginárias dos indivíduos com suas condições de existência. Althusser entende, ainda, que a ideologia não se origina a partir dos sujeitos, mas que interpela o indivíduo em sujeito. Pode-se afirmar que a ideologia assujeita o sujeito.

em que, numa perspectiva restrita, não se poderia eliminar da análise as duas ilusões/esquecimentos do sujeito: a de que o sujeito é fonte do sentido (fonte originária do seu dizer) e a de que ao enunciar há uma transparência dos sentidos.

Outro elemento relevante a ser considerado sobre as condições de produção de sentidos de um discurso são as formações imaginárias que os interlocutores projetam ao longo da constituição desse discurso. Segundo Grigoletto (2005, p. 121):

> As condições de produção entram na cena da abordagem do discurso como elementos que trazem questões da exterioridade e das formações imaginárias para a constituição do discurso. As condições de produção remetem a lugares determinados na estrutura de uma formação social, e as relações de força entre esses lugares sociais encontram-se representadas por uma série de formações imaginárias que designam o lugar que o locutor e o interlocutor atribuem a si e ao outro.

Todo processo discursivo pressupõe a existência de formações imaginárias. Quando o sujeito elabora o "seu" discurso, ele, sem ter plena consciência desse processo, representa, de maneira imaginária, as condições e os lugares sócio-históricos dos interlocutores projetando-os na constituição de seu discurso. É o chamado jogo de imagem do discurso. Cabe dizer que os jogos de imagens estabelecem, por assim dizer, as condições finais de produção do discurso. Segundo a AD, o que entra em jogo são as formações imaginárias constituídas nos processos discursivos que definem os lugares que os interlocutores atribuem a si e aos outros num jogo de antecipação de imagens. Aqui o discurso é "en-formado pelo imaginário" (Orlandi, 2002). Nas palavras de Pêcheux (1997, p. 82):

> (...) o que funciona nos processos discursivos é uma série de formações imaginárias que designam o lugar que A e B se atribuem cada um a *si* e ao *outro*, a imagem que eles se fazem de seu próprio lugar e do lugar do outro. Se assim ocorre, existem nos mecanismos de qualquer formação social regras de projeção, que estabelecem as relações entre as *situações* (objetivamente definíveis) e as *posições* (representações dessas situações). Acrescentemos que é bastante provável que esta correspondência não seja biunívoca, de modo que

diferenças de situação podem corresponder a uma mesma posição, e uma situação pode ser representada como várias posições, e isto não ao acaso, mas segundo leis que apenas uma investigação sociológica poderá revelar.

Os jogos de imagens conduzem, por assim dizer, a lugares determinados na estrutura da formação social impondo posições discursivas ao sujeito sobre aquilo que o sujeito pode/deve ou não dizer, a partir do lugar que ocupa e das representações que faz ao enunciar. Cabe salientar que esse jogo de antecipações e projeções de imagens não é preestabelecido antes que o sujeito enuncie o discurso, mas que se constitui à medida que se constitui o próprio discurso.

Ao recusar a concepção de linguagem enquanto instrumento informativo-comunicacional, que toma como base uma linguagem de sentido transparente e sem equívocos, a AD aponta na direção não só da importância de se considerar o contexto sócio-histórico da língua, como também da necessidade de se reconsiderarem outros elementos constitutivos da linguagem e mais especificamente do discurso.

Nesse movimento, Smolka (1988, p. 30) apresenta uma proposta teórica de exame das interações discursivas que ocorrem na aula na perspectiva das relações de ensino, segundo os jogos de antecipação de imagens implicados nessa relação, considerando as seguintes questões: "(...) quem é essa criança para quem eu falo? Quem eu acho que ela é, do ponto de vista do professor que eu sou? Que imagem fazem, mutuamente, professor e aluno? Qual é o lugar do professor na escola? E qual o lugar da criança, do aluno? Que lugar ocupam e que posições assumem? Qual é o "lugar a eles atribuído no sistema de representações sociais (na instituição escola)?".

Marcas da dimensão discursiva do processo de alfabetização nas práticas de sala de aula

As perguntas que fecham a seção anterior já anunciam a perspectiva do outro no processo de ensino-aprendizagem. O que se segue aqui e é observado tanto no percurso da pesquisa de Smolka quanto na fundamentação teórica mais voltada para o estudo do discurso, é que as interações sociais orais e escritas são vividas nas condições concretas de vida, na perspectiva do processo de elaboração e transformação sócio-histórica. Assim, a dimensão alteritária que se evidencia nas perguntas se fortalece na sequência do trabalho.

Vamos buscar, na última parte do livro de Smolka, algumas marcas que a foram levando a caracterizar como discursivo o processo de alfabetização. As marcas são indiciárias de reflexões pedagógicas realizadas com base na análise da prática de sala de aula (p. 88-155).

Chama-nos atenção o destaque ao intercâmbio e à troca de trabalhos em sala de aula, possibilitando várias leituras, além de gerar discussão e pesquisas sobre a escrita. Além disso, ressalta-se a diversidade de interpretações, de organizações e de formulações possíveis em que se pode trabalhar o uso e o funcionamento das normas, ao mesmo tempo em que se pode propor mudanças, trabalhar acordos, estabelecer pactos.

Consideram-se do mesmo modo diferentes formas de organização e interação das crianças, e diferentes materiais e recursos, para observar como acabam provocando ou delineando a elaboração dos textos.

O espaço da sala de aula se configura culturalmente porque as concepções, ações e questões se constituem histórica e linguisticamente. No processo de trabalho com a linguagem na classe se revelam crenças, rituais, valores; emoções e reações, modos de sentir; e condições e condicionantes socioeconômicos. Na dinâmica de interação e interlocução, as crianças conversam, trocam informações, riem, discutem, brigam, "falam sobre assuntos relevantes para elas" (p. 100).

Essas questões vitais vêm à tona e se tornam matéria-prima no processo de alfabetização: "o discurso cotidiano que começa a ser marcado pelo trabalho da escritura das crianças e que traz, portanto, as marcas da realidade sociocultural dos indivíduos e dos grupos de interação" (p. 100).

A criança age como protagonista na escola para ocupar papéis de leitora e de escritora, narradora, protagonista, autora, sendo interlocutora, alguém que fala e assume o seu dizer. Vão emergindo e se explicitando não só as diferentes funções, mas as diversas "falas" e lugares" sociais.

Determinadas situações demandam que a professora seja a escriba da turma, escrevendo o texto coletivamente ditado pelas crianças. Atividades como essas sinalizando que "existem muitas maneiras de se trabalhar a leitura, a escritura, a autoria com as crianças" (p. 93-95). E na passagem de um texto coletivo para um individual:

> (...) o texto de cada criança não repete ou reproduz o texto coletivo, mas inaugura novos momentos de interlocução, pela própria incompletude, pelo que apareceu como mais importante e relevante para cada uma; pelo que cada uma disse ou deixou de dizer. (p. 99)

As marcas do cotidiano — temas, fatos, incidentes da realidade e não frases "curtas e fáceis", como "O bebê é da babá", mesmo inicialmente, começam a povoar os textos das crianças (p. 100): "As crianças arriscam escrever porque querem, porque podem, porque gostam, porque não ocupam o lugar dos 'alunos que (ainda) não sabem', mas daqueles que podem ser leitores, escritores e autores." (p. 102).

A escrita com sentido começa a constituir um modo de interação com cada um e com os outros, um modo de dizer as coisas. Dúvidas, conhecimentos, saberes, perguntas... Preenchem os textos das crianças, em intenso movimento intertextual — "os outros falam no meu texto, eu incorporo e articulo a fala os outros; eu falo o/no discurso de outros que, ao mesmo tempo, ampliam meu dizer..." (p. 108).

A escola aos poucos vai modificando seu ponto de ancoragem, fixado em erros ortográficos e gramaticais, objetos de avaliação, e se movendo para os textos e o trabalho com eles. Diz Smolka: "A escola esquece-se de se avaliar quando avalia os alunos" (p. 108).

A leitura e a escrita são atividades encaradas em seus contextos sociais de utilização. No começo do ano, dificilmente as crianças conseguem ler os próprios textos, mas elas *dizem* (sobre) o que escreveram. Um "outro" tenta ler. É justamente da leitura do outro, da leitura que o outro faz (ou não consegue fazer) do meu texto (não esquecer o "outro" que eu sou como leitor do meu próprio texto), do distanciamento que eu tomo da minha escrita, que eu me organizo e apuro essa possibilidade de linguagem, essa forma de dizer pela escritura.

A escritura, por outro lado, se mostra inicialmente marcada pelo discurso interior, com signos escritos esparsos ou aglutinados, fruto de atividade elaborada individualmente. A dimensão alteritária se manifesta associada ao caráter de legibilidade pelo outro, implicando normas e regularidades.

As ações de ler e escrever vão se constituindo e se aprofundando no movimento de interações e interlocuções, quando as crianças vão encontrando no jogo das palavras e da escrita pontuada, a possibilidade de dizer sentimentos também — raiva, alegria, grito podem ser escritos! "A incompreensão não é fruto de uma incapacidade do indivíduo, mas resultado de uma forma de interação" (p. 112).

O trabalho de constituição do discurso social, enquanto elaboração individual, é necessário nos anos escolares da alfabetização. A escrita representa, inaugura e transforma os modos de inserção social. Nesse sentido é preciso conhecer e conceber formas de alfabetização condizentes com o momento histórico em que se vive.

O processo de alfabetização implica muito mais do que letras, palavras e sons. Implica profundamente uma forma de interação com o outro pelo trabalho da escritura e da leitura — para quem eu escrevo o que escrevo e por quê? Para que e para quem eu leio? Por quê?

A alfabetização implica, desde a sua gênese, a constituição de sentidos e seus modos de produção. Sentidos que histórica e culturalmente se constituem na ação coletiva e individual dos sujeitos. Dos sujeitos com outros sujeitos. Dos sujeitos com outros tempos-espaços. Dos sujeitos com necessidades, gostos e desejos, seus e dos outros.

Saberes, dúvidas, conhecimentos sobre a vida, a morte, a rotina, preconceitos, o trabalho, a poesia, os sentimentos e emoções, formam um intenso movimento interdiscursivo de dizer, ouvir, ler e escrever, em que os sujeitos assumem diferentes posições, papéis, inaugurando novas formas de interagir, transformando suas realidades.

Por fim, dialogando com o material produzido na sala de aula, e acompanhando a produção da turma investigada, consideramos que aproximar a perspectiva discursiva da noção de letramento é empobrecê-la. Cai-se no caráter superficial e sociologizante da definição, associada, de um modo geral, a práticas sociais de leitura e de escrita. Com isso, perdem-se os sujeitos e suas ações sociais no mundo e a dimensão de interdiscursividade histórica presente em todas as situações de produção de linguagem. Como alfabetizar sem desvincular esse processo dos sentidos da práxis, ou seja, transformando-o em elemento de propulsão dos sujeitos à participação social e à ampliação da cidadania, em vez de instrumento de seleção, dominação e alienação? Essa vontade política permanece hoje, trinta anos depois: viva e desafiadora, urgente.

Referências

ABAURRE, M. B. M. *Introduzindo a questão dos aspectos linguísticos da alfabetização*. ABRALIN (Curitiba), Curitiba, v. 7, p. 29-36, 1986.

BAKHTIN, M. (Volochinov). *Marxismo e filosofia da linguagem:* problemas fundamentais do método sociológico na ciência da linguagem. São Paulo: Hucitec, 1992.

_____. *Questões de literatura e de estética* (A Teoria do Romance). São Paulo: Editora da Unesp/Hucitec, 1998.

BERNSTEIN, B. Uma crítica ao conceito de educação compensatória. In: BRANDÃO, Z. (Org.). *Democratização do ensino:* meta ou mito? Rio de Janeiro: Francisco Alves, 1979.

BOURDIEU, P. *A economia das trocas simbólicas*. São Paulo: Perspectiva, 1974.

CAGLIARI, L. C. Leitura e alfabetização. *Cadernos de Estudos Linguísticos*, Campinas, v. 3, p. 6-20, 1982.

FERREIRO, E.; TEBEROSKY, A. *Psicogênese da língua escrita*. Porto Alegre: Artes Médicas, 1986.

FOUCAULT, M. *L' Ordre du discours*. Paris: Gallimard, 1971.

_____. *Arqueologia do saber*. Petrópolis: Vozes, 1972.

FREIRE, P. Conscientização e alfabetização: uma nova visão do processo. Estudos Universitários, *Revista de Cultura da Universidade do Recife*. Recife, n. 4, abr./jun., 1963.

FREIRE, P. *A importância do ato de ler em três artigos que se completam*. São Paulo: Cortez, 1983.

GARCIA, R. L. *Alfabetização dos alunos das classes populares* — ainda um desafio. Tese (Doutorado em Educação). Faculdade de Educação, Universidade Federal Fluminense. Niterói, Rio de Janeiro, 1986.

GREGOLIN, M. do R.; BARONAS, R. (Orgs.). *Análise do discurso:* as materialidades do sentido. São Carlos: Claraluz, 2001.

GRIGOLETTO, E. Reflexões sobre o funcionamento do discurso outro: de Bakhtin à análise de discurso. In: ZANDWAIS, A. (Org.). *Mikhail Bakhtin:* para a filosofia da linguagem e estudos discursivos. Porto Alegre: Sagra Luzzatto, 2005.

KRAMER, S. *Um estudo sobre a alfabetização de crianças das camadas populares.* Relatório de Pesquisa. Rio de Janeiro, 1986.

LABOV, W. *Modelos sociolinguísticos.* Madrid: Ediciones Cátedra, 1983 (versão espanhola de Labov, 1972).

MAINGUENEAU, D. *Genèse du discours.* Bruxelas: Pierre Mardaga, Editeur, 1984.

MALDIDIER, D. *A inquietação do discurso:* (re)ler Michel Pêcheux. Campinas, Pontes, 2003.

ORLANDI, E. *A história do sujeito-leitor:* uma questão para a leitura. Unicamp, IEL, 1980.

_____. Linguagem e história: a questão dos sentidos. *Anais VI do Encontro Nacional de Linguística do Rio de Janeiro*, 1981a.

_____. *Ilusões na (da) linguagem.* Unicamp, IEL, 1981b.

_____. *A linguagem e seu funcionamento.* São Paulo: Brasiliense, 1983.

_____. História das leituras. *Leitura: teoria e prática*, ano 3, n. 3, julho de 1984a.

_____. Segmentar ou recortar? *Linguística:* questões e controvérsias. Série Estudos, n. 10, Faculdades Integradas de Uberaba, MG, 1984b.

_____. Leitura: questões linguística, pedagógica ou social? *Educação & Sociedade*, ano VII, n. 22, Cortez/CEDES, set.-dez. 1985.

_____. *Nem escritor, nem sujeito:* apenas um autor. Unicamp, IEL, 1986 (mimeo.).

_____. *Discurso e leitura.* Campinas: Ed. da Unicamp, 1988.

ORLANDI, E. *Análise de discurso:* princípios e procedimentos. Campinas: Pontes, 2002.

_____. Análise de discurso. In:_____; LAGAZZY, S. (Orgs.). *Introdução às ciências da linguagem*: discursos e textualidade. Campinas: Pontes, 2006.

PÊCHEUX, M. *Analyse automatique du Discours.* Paris: Dunod, 1969.

_____. *Semântica e discurso:* uma crítica à afirmação do óbvio. Campinas: Editora da Unicamp, 1988.

_____. *O discurso:* estrutura ou acontecimento. Campinas: Pontes, 1990.

_____. A análise de discurso: três épocas. In: GADET, F.; HAK, T. (Orgs.). *Por uma análise automática do discurso:* uma introdução à obra de Michel Pêcheux. Campinas: Editora da Unicamp, 1997.

SOARES, M. As muitas facetas da alfabetização. *Cadernos de Pesquisa,* São Paulo, n. 52, p. 19-24, fev. 1985.

_____. *Linguagem e escola.* Uma perspectiva social. São Paulo: Ática, 1986.

SMOLKA, A. L. B. A alfabetização como processo discursivo. Tese (Doutorado em Educação). Faculdade de Educação, Universidade Estadual de Campinas. Campinas, São Paulo, 1987.

_____. *A criança na fase inicial da escrita:* a alfabetização como processo discursivo. 1. ed. São Paulo: Cortez, 1988.

_____. *A criança na fase inicial da escrita*: a alfabetização como processo discursivo. 13. ed. São Paulo: Cortez, 2012.

Alfabetização como processo discursivo: um "modo de fazer" diferente

Lázara Nanci de Barros Amâncio
Cancionila Janzkovski Cardoso

Descortinando uma nova perspectiva em alfabetização

I

O ano era 1987 e o curso era especialização em Educação Especial, com ênfase na alfabetização, sendo promovido pela Universidade Federal de Mato Grosso, câmpus de Rondonópolis. Eu já era professora universitária (leiga!), fazendo um curso de especialização, ansiosa e sedenta por conhecimento que respondesse a certas perguntas, minhas e de minhas alunas. Para ministrar o penúltimo módulo — Desenvolvimento e aquisição da linguagem — entra em cena a professora pequena (aparentemente frágil), de voz marcante. Ana Luiza Smolka traz, especialmente, Vygotsky em sua bagagem, toda uma perspectiva de Análise do Discurso e, sobretudo, muitas perguntas. Essas desestabilizam o que estava se acomodando — a psicogênese, de Emilia Ferreiro e Ana Teberosky —, lançam o olhar para o além, desafiam, instigam. Pouco a pouco (certamente não foi só durante esse curso) a relação pensamento e linguagem em perspectiva social vai se desvelando, a criança vai ganhando novo estatuto, a interação toma conta dos processos de alfabetização, pelo menos, teoricamente. Tive quatro anos para ler a tese recém-defendida e outros textos da autora e, inspirando-me em suas aulas teóricas e práticas, disseminar suas ideias no curso de Pedagogia da UFMT. Em 1992, Ana Luiza retorna a Rondonópolis para participar de outro curso de Especialização em Alfabetização, que eu coordenava. E na sua bagagem, dessa vez, a perspectiva da enunciação vem mais focada em Bakhtin. Expõe e vivencia, mais uma vez, para olhos e ouvidos atentos, a perspectiva enunciativa da alfabetização, mostrando que essa valoriza o texto da criança, olha para esse texto tentando enxergar os nexos contextuais que nele aparecem, tentando fazer relações com as teorias explicativas do desenvolvimento da criança e da apropriação da escrita, realçando sentidos muitas vezes inusitados, mas esclarecidos pelo contexto sociocultural que desencadeou a produção textual.

Cancionila Kátia

II

Conheci Ana Luiza durante um curso de especialização, no qual ela ministrava um módulo na Universidade Federal de Mato Grosso. Fiquei encantada ouvindo-a falar de Vygotsky, das interações interpessoais, da construção do conhecimento pela mediação do Outro, que pode ser um adulto, uma criança etc. e, com Vygotsky, vieram Luria e Bakhtin e mais alguns nomes. A alfabetização na perspectiva discursiva, defendida por Ana, deixou-me convencida de que essa seria a solução para os dissabores do fracasso escolar na primeira série do ensino fundamental. Em 1991, comecei a fazer o mestrado em Educação na Universidade Federal de Goiás. Ainda não tinha orientação específica, em 1992, pois faltavam orientadores que se dedicassem especialmente ao estudo da alfabetização. E eu tinha um tema que trazia comigo desde o magistério: queria muito estudar a questão das cartilhas de alfabetização no ensino da leitura e escrita. Incomodava-me sobremaneira o apego das professoras às cartilhas e eu queria compreender melhor a relação que se estabelecia entre professora-cartilha-aluno na sala de aula. Ousei, então, convidar Smolka para me orientar, mas ela era professora na Unicamp; eu, aluna da UFG (Goiânia) e morava em Rondonópolis-MT. Feliz decisão. A coordenação do mestrado da UFG — na época na responsabilidade do professor José Carlos Libâneo — aceitou o credenciamento de Smolka e tivemos uma feliz convivência em tempos em que os textos seguiam por fax e as conversas se realizavam por telefonema interurbano. Os encontros presenciais de orientação foram reduzidos, mas satisfatórios. E nasceu a dissertação *O espaço da Cartilha na Sala de Aula*, em 1994, que, em 2002, virou *Cartilhas, para quê?* Por essa obra, tive a alegria de receber o Prêmio Francisco Alves, pela Academia Brasileira de Letras, em 2003. Certamente eu não poderia deixar de tributar à minha querida e competente orientadora o mérito desse trabalho. Assim Smolka começou a fazer parte da minha vida, deixando marcas profundas, para sempre.

Lázara Nanci

III

Trinta anos depois, como balizar o efeito que essa professora e sua produção intelectual causaram na formação de professores, nas práticas pedagógicas e na pesquisa em alfabetização?

O objetivo deste texto é situar, historicamente, no contexto das principais discussões sobre alfabetização no Brasil, a obra *A criança na fase inicial da escrita: a alfabetização como processo discursivo*, de Ana Luiza Bustamante Smolka, a fim de evidenciar aspectos de sua contribuição, após trinta anos de sua divulgação.

Essa obra, resultado de uma cuidadosa pesquisa de doutorado defendida em 1987, hoje em sua 13ª edição, surge num momento de calorosas discussões sobre as políticas de avaliação da escola brasileira, com foco na alfabetização e sua expansão, baseada em determinada concepção de ensino e aprendizagem, adotada de modo hegemônico em diferentes sistemas de ensino de redes estaduais e municipais. A obra tornou-se um marco conceitual para o campo da alfabetização, apresentando-se como alternativa ao modelo hegemônico, por incorporação e superação.

1. Apontamentos sobre o contexto sociocultural da alfabetização

No livro *O beijo de Lamourette*, Robert Darnton (1990) reconhece a importância de um novo e interessante campo do conhecimento ou nova disciplina, eminentemente interdisciplinar, que é a história dos livros, propondo um modelo geral "para analisar como os livros surgem e se difundem entre a sociedade", como forma de mapear o campo e ajudar o pesquisador a "enxergar o objeto como um todo" (Darnton, 1990, p. 112).

No centro de seu modelo — O circuito das comunicações —, que pretende ir do autor ao leitor, passando por todas as instâncias constitutivas da edição, distribuição e recepção de um livro, Darnton estabelece o tripé: a) conjuntura econômica e social; b) influências intelectuais e publicidade; c) sanções políticas e legais.

Valendo-nos dessa lição, iniciaremos este item com breves apontamentos sobre o contexto sociocultural da alfabetização, em especial, algumas das influências intelectuais que gravitavam em torno da obra de Smolka e/ou com as quais ela dialogou. Para esta síntese, identificamos os seguintes autores e/ou obras como emblemáticos para uma reflexão sobre a alfabetização no Brasil: Magda Soares; João Wanderley Geraldi; Emilia Ferreiro e Ana Teberosky.

A história da alfabetização no Brasil é uma história marcada, de um lado, por disputas de métodos e concepções de ensino e, de outro lado, por um insistente fracasso na proposta, seja de ensinar as primeiras letras ou os rudimentos da leitura e da escrita (que vigorou até meados do século XIX), ou de alfabetizar (palavra utilizada desde então).

Atendo-nos à década de 1960, e daí em diante, lembramos que, naqueles tempos, o Brasil passou por profundas mudanças sociais, políticas e educacionais. Em 1964, há uma ruptura política, com a tomada do poder pelos militares e uma consequente reestruturação dos aparelhos políticos. Da "nova" ordem institucional decorre "nova" direção aos projetos políticos, sociais e educacionais. A forte influência dos Estados Unidos nos processos educativos, em especial, por meio dos acordos MEC-USAID[1], cujos "assessores agiam segundo uma evidente mentalidade empresarial, que, combinada às medidas de exceção da área militar, deu as marcas da política educacional do período: desenvolvimento, produtividade, eficiência, controle e repressão" (Hilsdorf, 2003, p. 124). Essa alardeava diagnosticar e solucionar os problemas educacionais brasileiros, inculcando nas massas a crença do papel milagroso da educação.

A década de 1970, herdeira da anterior, se inicia com a reforma do Ensino de 1º e 2º Graus (LDB n. 5.692/71), que amplia a obrigatoriedade escolar gratuita de quatro para oito anos e aglutina o antigo primário com o ginasial, suprimindo o exame de admissão. Junto com a ampliação do tempo de escolarização veio a reforma curricular, passando de uma proposta mais humanística para uma proposta de cunho profissionalizante. Tudo isso em nome de uma educação que pudesse favorecer o "milagre econômico", preparando indivíduos para o aumento da produção da indústria brasileira. Hoje sabemos que o almejado nunca foi concretizado, pois, segundo Cunha (1987, p. 56), a taxa de escolaridade, ao invés de aumentar, baixou. Em 1980, mais de um terço das crianças que deveriam estar frequentando a escola estavam fora dela. Para Cury (2000), a contradição entre o aumento do tempo de escolaridade e a retirada do vínculo constitucional de recursos, com a justificativa de maior flexibilidade, foi perversa, pois "[...] alguém teria de pagar a conta [...] O corpo docente pagou a conta com duplo ônus: financiou a expansão com o rebaixamento de seus salários e a duplicação ou triplicação da jornada de trabalho" (Cury, 2000, p. 44).

Em termos de alfabetização, nessa década foi instituída pelo MEC uma política pública, com abrangência nacional, decorrente do II Plano Setorial de Educação e Cultura (1975-1979), o "Projeto Desenvolvimento de Novas Metodologias Aplicáveis ao ensino-aprendizagem para o

---

1. Ver Romanelli (1978).

Ensino de 1°. Grau". A justificativa para o lançamento dessa política foi a de "assegurar a todos um ensino democrático ('acesso' e 'sucesso') e de bom nível" (Cardoso, 2011, p. 44), tendo como dois de seus grandes objetivos a elevação dos índices de promoção da 1ª para a 2ª série e a redução dos índices de distorção idade/série. Nessa ocasião a busca era, ainda, pelos melhores e mais eficientes métodos de alfabetização, estimulando a "experimentação e expansão de metodologias e tecnologias específicas para o processo de alfabetização" (Cardoso, 2011, p. 45).[2] Mais uma vez, os resultados desse investimento foram bastante modestos, em termos de alfabetizar todas as crianças.

Com o esgotamento do regime militar, a década de 1980 marca uma grande virada histórica em termos sociais, políticos e econômicos. Nela ocorre um processo de reorganização democrática, com as Diretas Já e, logo a seguir, com a Constituição Cidadã, de 1988, que restabelece o Estado Democrático.

No contexto social, as lutas pela democratização da educação levam um contingente mais significativo de crianças à escola, oriundas das camadas trabalhadoras. Esses novos sujeitos colocaram para a escola novas urgências sociais e pedagógicas. É nesse momento que o fenômeno do fracasso escolar (cerca de 50%) ganha mais visibilidade e passa a ser mais sistematicamente tematizado. O grande gargalo situado na passagem da 1ª para a 2ª série, em termos de repetência e evasão, observado em todas essas décadas, faz com que o termo fracasso escolar seja reconhecido como "fracasso da alfabetização".

Naquilo que interessa mais de perto para este texto, os anos de 1980 podem ser considerados marcos de recriação da "invenção da tradição" (Hobsbawm, 1988) do código disciplinar da Língua Portuguesa, no Brasil.

De um lado, a redemocratização da sociedade trouxera para a escola aquele contingente "estranho" à cultura escolar, com o qual ela não sabia lidar, acentuando o fracasso escolar. Nesse contexto, ampliam-se as críticas ao papel da escola como reprodutora das relações sociais, críticas baseadas

---

2. Ver em Cardoso, Cancionila Janzkovski. *Cartilha Ada e Edu:* produção, difusão e circulação. Cuiabá: EdUFMT, 2011, a história dessa política pública e da cartilha do estado de Mato Grosso, dela originada.

em uma teoria sociológica dialética-marxista, que cobravam soluções urgentes. De outro lado, "é nessa década que as ciências linguísticas — a linguística, a sociolinguística, a psicolinguística, a linguística textual, a Análise do discurso — começam a ser 'aplicadas' ao ensino da língua materna" (Soares, 2001, p. 51), reconfigurando concepções de língua e de linguagem, de seus usos e, em especial, do processo de ensino e de aprendizagem da leitura e da escrita.

Desse modo, a investigação empreendida por Smolka (1987), professora da Unicamp, acontece num contexto educacional efervescente, numa realidade que estava se ajustando a medidas de intervenção político-pedagógicas no sistema educacional paulista que, no início de 1984, teve a implantação do Ciclo Básico eliminando a reprovação entre as 1ª e 2ª séries do antigo primeiro grau, com a adoção de um período ininterrupto de dois anos para um processo de aprendizagem da leitura e da escrita. A iniciativa visava à superação do baixo índice de rendimento escolar. Para compreender melhor esse período, é preciso conhecer as demandas educacionais (teóricas e metodológicas) que desencadearam a implantação dessa nova modalidade de ensino com alteração no sistema de seriação do Primeiro Grau, no estado de São Paulo, expandindo-se posteriormente para a maioria dos estados.

A década de 1980 e o início da década de 1990 foram marcantes para a educação brasileira, especialmente para a alfabetização, caracterizando-se como uma época importante devido à grande produção de estudos, com foco na democratização da escola pública[3] e, consequentemente, na busca da compreensão do fracasso escolar relacionado à reprovação nas primeiras séries do Ensino de Primeiro Grau. Entre as muitas pesquisas desse período serão mencionadas aqui as que mais se destacaram, tornando-se referências para a área da alfabetização.

Em 1985, Magda Soares, professora da UFMG, publicou o artigo "As muitas facetas da alfabetização", texto que circulou exaustivamente nos cursos de pedagogia e nos cursos de pós-graduação em educação, subsidiando teses e dissertações que tematizavam a alfabetização em suas muitas vertentes.

---

3. Podemos citar: Saviani (1983), Libâneo (1986), Mello (1982) entre tantos autores de vanguarda na época.

No texto em pauta a autora denunciava que, há mais de 40 anos, as estatísticas educacionais mantinham-se as mesmas no que se relacionava aos dados de fracasso escolar (cerca de 50%, desde 1940). A busca pelo culpado, mencionada por Soares, era um tópico relevante que fazia parte do cotidiano escolar e das reuniões pedagógicas na maioria das instituições. A professora de alfabetização, o material escolar, os métodos de ensino, os pais e as próprias crianças eram, em momentos diferentes (e alternadamente!), considerados culpados pela reprovação em massa, na primeira série do primeiro grau. Esse era um ponto de estrangulamento do sistema de ensino, seguido por outro, que se situava na quinta série desse mesmo grau. A autora apontava para a necessidade de maior investimento numa teoria coerente de alfabetização que contemplasse o processo de alfabetização, de modo mais abrangente e em toda sua complexidade.

Reforçando a denúncia, outra contribuição de Soares (1989) chega ao cenário educacional, com a obra *Linguagem e escola: uma perspectiva social*, somando-se a outras vozes que também ecoavam denunciando o fracasso escolar que, para a autora, correspondia ao fracasso no ensino da língua escrita. Soares explica, nessa obra, a necessidade de valorização das diferentes variedades linguísticas como condição de enfrentamento do processo de democratização da escola brasileira.

As relações entre linguagem e cultura, segundo a autora, desempenhavam um papel importante na explicação do fracasso escolar, sendo uma das suas causas mais relevantes na primeira série do primeiro grau. Dados do censo de 1980 deixavam evidentes os altos índices de repetência e evasão, com apenas 64% da população de 7 a 14 anos matriculada no ensino de primeiro grau. "Segundo as estatísticas, de cada 1000 crianças que iniciam a primeira série, menos da metade chega à 2^a, menos de um terço consegue atingir a 4^a, e menos de um quinto conclui o primeiro grau" (Soares, 1989, p. 9). A autora alerta nessa obra que a escola brasileira não cumpre seu papel, sendo antes contra e não a favor do povo, sendo elitista e antidemocrática, como resultado de uma política educacional engendrada durante a ditadura militar.

João Wanderley Geraldi é um dos interlocutores contemporâneos de Soares, que se destaca em defesa da democratização da escola pública e do ensino da língua portuguesa. Geraldi, professor da Unicamp e, na época, consultor da Secretaria da Educação de Campinas e de outras regiões, defende uma concepção interativa de linguagem associada à Análise do Discurso, à Teoria da Enunciação e à Sociolinguística. No início dos anos de 1980 e pelos anos seguintes, Geraldi produz e divulga reflexões sobre o ensino da língua, destacando o trabalho com o texto que se torna objeto de ensino e aprendizagem. O texto é compreendido como uma atividade de produção de sentidos, o professor passa a ser visto como um mediador entre o texto e a aprendizagem e o aluno como sujeito leitor e autor de seus textos (Mortatti, 2000, p. 278).

As formulações de Geraldi, difundidas por meio de palestras, conferências e consultorias ganharam o espaço das discussões pedagógicas nas escolas e nos cursos de formação (inicial e continuada) de professores, saindo do contexto local e se expandindo pelo território brasileiro. Seus artigos e livros[4] passaram a ter presença garantida entre os referenciais teórico-metodológicos em cursos de preparação de professores. Embora se dirigisse ao ensino de 5ª à 8ª série, os pressupostos defendidos por Geraldi acabam por ser difundidos para todos os níveis de ensino. De acordo com Mortatti (2000, p. 278) uma das maiores contribuições do autor para a alfabetização está no fato de "discutir esse processo como integrante do ensino da língua e subordinado aos pressupostos advindos do interacionismo linguístico".

Em 1985 chega ao Brasil o resultado dos estudos de Ferreiro e Teberosky, realizados na Argentina e no México. As autoras divulgam suas pesquisas apresentando dados de uma investigação criteriosa sobre a psicogênese da língua escrita, realizada nos anos de 1975 e 1976, publicada em 1979 e traduzida para o português em 1985. Os pressupostos das pesquisadoras buscam explicar, a partir de uma perspectiva psicolinguística pioneira associada ao desenvolvimento cognitivo (Piaget), a aquisição da língua escrita pela criança como um processo psicogenético que se inicia antes da entrada na vida escolar e se desenvolve ao longo dos anos. Tomando como fundamento a *teoria geral dos processos de aquisição do conhecimento,* as autoras explicam os processos de aprendizagem

---

4. Algumas publicações de Geraldi: "Subsídios metodológicos para o ensino de língua portuguesa". *Cadernos da Fidene,* n. 18, 1981, 70 p.; "Possíveis alternativas para o ensino da língua portuguesa". *Ande,* n. 4, 1982 (p. 57-62).

da língua escrita, utilizando os conceitos piagetianos de sujeito cognoscente, esquemas assimiladores, conflitos cognitivos e erros construtivos. Para Ferreiro e Teberosky, de um ponto de vista construtivo, como o da conceitualização piagetiana, o conhecimento é construído a partir do sujeito ativo e do objeto a ser conhecido, o qual serve de ocasião para que o conhecimento se desenvolva. Os processos de aprendizagem, nessa concepção, não dependem exclusivamente de métodos, podendo esses ajudar ou frear, facilitar ou dificultar, porém não criar aprendizagem (Ferreiro; Teberosky, 1985, p. 28-29). O conhecimento resulta, portanto, da ação da atividade do sujeito.

Para as autoras, trata-se de uma *revolução conceitual,* cujos pressupostos e resultados rompem com as práticas tradicionais de alfabetização. Sobre consequências pedagógicas do ensino tradicional, afirmam que poucas crianças se beneficiam dos métodos tradicionais, visto que esses foram pensados para os que já percorreram um longo caminho antes de chegarem à escola (Ferreiro; Teberosky, 1985, p. 277). Nessa perspectiva, há um deslocamento, no processo de ensino-aprendizagem, do foco central, que passa a ser o sujeito que aprende e não o conteúdo, o professor ou o método de ensino.

Os pressupostos de Ferreiro foram, inicialmente, encampados pela Secretaria de Educação de São Paulo que assumiu o construtivismo como fundamento teórico para a alfabetização, desde 1984. A partir daí há um grande investimento em publicações pedagógicas e em cursos para formação continuada de professores visando à apropriação do novo ideário. O período que se segue é marcado pela hegemonia do construtivismo na rede de ensino pública paulista e, também, por sua disseminação para muitas outras redes pelo país afora.

É, ainda, nos anos de 1980 e na efervescência das discussões sobre a alfabetização, que um novo fenômeno começa a ser percebido e nomeado: o letramento. Esse aparece, concomitantemente, em vários países e está ligado à "necessidade de reconhecer e nomear práticas sociais de leitura e de escrita mais avançadas e complexas que as práticas do ler e do escrever resultantes da aprendizagem do sistema de escrita". Para Soares, no Brasil, porém, o movimento "tem sua origem vinculada à aprendizagem inicial da escrita, desenvolvendo-se basicamente a partir de um questionamento do conceito de alfabetização" (Soares, 2004, p. 6).

Coube a essa autora, entre outros, refletir sobre alfabetização e letramento, analisando-os como processos distintos, no entanto, indissociáveis. Aos poucos é construído o conceito de alfabetizar letrando, que significa não se descuidar da especificidade da alfabetização (apropriação do sistema) ao mesmo tempo em que se ensina a língua, tendo como "princípio de que aprender a ler e a escrever é aprender a construir sentido *para* e *por meio de* textos escritos" (Soares, 2004, p. 12). Assim, ao longo dos anos, em especial, a partir do final da década de 1990, o letramento alia-se à teoria dos "gêneros textuais", em perspectiva sociocultural, sendo amplamente tematizado em publicações e cursos de formação de professores.

De modo geral e de um ponto de vista panorâmico, esse era o contexto em que o estudo de Smolka surge, trazendo dados de uma investigação criteriosa, evidenciando que a alfabetização implica, desde a sua gênese, a constituição do sentido, uma forma de interação com o outro, pelo trabalho de escritura — para quem escrevo, o que escrevo e por quê escrevo? Ao longo de todo o texto essas perguntas são reiteradamente apresentadas e respondidas, ao mesmo tempo em que novas e instigantes indagações continuam a movimentar o discurso e sua autora.

A perspectiva enunciativa da alfabetização

As primeiras palavras do livro *A criança na fase inicial da escrita: a alfabetização como processo discursivo* são emblemáticas da construção do discurso da autora ao longo da obra:

Leitura, livros, alfabetização, escrita, escolarização...
Quais são, efetivamente, as condições atuais de leitura e escrita no contexto das sociedades letradas onde domina a indústria cultural? E, nessas condições, quem pode possuir e dominar este objeto cultural, instrumental, que é a escrita? Nessas condições, ainda, quem lê? Quem escreve? Para quê? E por quê? (Smolka, 1988, p. 15).

Cedo o leitor percebe que Ana Luiza Smolka é mestre em problematizar. Traz respostas, mas, sobretudo, traz perguntas. Muitas perguntas.

Enquanto, em meados da década de 1980, pesquisadores e professores no Brasil começam a se apropriar do que Soares (2004) denominou *teoria sobre a prática* de alfabetização, representada pelo paradigma cognitivista (construtivismo), concomitantemente, Smolka apresenta uma perspectiva que, para além da mera aquisição[5] individual da escrita, coloca em evidência a construção social do conhecimento, as práticas socioculturais e a interação social, como inerentes/indispensáveis para as práticas de leitura e escrita.

Apresentando logo de início na obra "Alguns pontos de vista", Smolka referenda vários estudos sobre a aquisição da linguagem — Mary Clay (1972-75); Goodman (1978); Read (1978); Foucambert (1978) e Lentin (1979) — e, entre eles, o trabalho de Ferreiro e Teberosky (1985) como aquele que tem "base numa sólida evidência empírica, e demonstrando uma grande honestidade intelectual" (Smolka, 1988, p.17). No entanto, se pergunta: "Como e por que as constatações e as contestações de Ferreiro se legitimam e se convencionalizam neste momento?" (Smolka, 1988, p. 18).

Sabemos, com Mortatti, que, em termos de alfabetização, sempre houve uma luta constante entre o "velho" e o "novo". Para a autora, "as disputas pela hegemonia de projeto para o ensino inicial de leitura e escrita [têm] estreita relação com projetos políticos e sociais emergentes" (Mortatti, 2000, p. 23).

Pensamos que, para além do dualismo "velho" *versus* "novo", pode-se perceber o "novíssimo" também tentando emergir. Fruto do novo repensado, o "novíssimo", muitas vezes, leva tempo maior para ser assimilado e compreendido. Voltaremos a essa ideia posteriormente.

Construindo e apresentando uma concepção histórico-cultural do desenvolvimento humano e da alfabetização, Smolka relata que iniciou seu processo de pesquisa sobre a aquisição da linguagem escrita, em 1980,

---

5. Neste texto, o termo usado majoritariamente é "aquisição". Sabemos que esse termo é datado e possui compromissos, em especial, com as teorias cognitivistas. Com o aprofundamento das discussões na perspectiva histórico-cultural, o termo mais utilizado, inclusive por Smolka, passa a ser "apropriação".

interessada em: "a) investigar processos e estratégias que crianças na faixa pré-escolar usam para interpretar a escrita no meio em que vivem; b) identificar conceitos que o pré-escolar desenvolve a respeito deste tipo de linguagem antes do início de uma instrução formal" (Smolka, 1988, p. 19).

A pesquisa-piloto, segundo a autora, foi baseada em proposta de Goodman e Cox (1978), mas, nota-se, pelo menos nos objetivos, muita semelhança com as preocupações de Ferreiro e Teberosky. No entanto, as incursões de Smolka levam-na por caminhos muito distintos daqueles da psicogênese, dadas suas questões epistemológicas e linguísticas muito diferentes.

Em um esforço de síntese, o texto traz três diferentes pontos de vista sobre o processo de aquisição da escrita pelas crianças[6]:

a) O ponto de vista da "carência" ou da "incompetência" da criança:

Nesse a língua é tida como um sistema que funciona com padrões fixos imutáveis. A concepção de aprendizagem da escrita correlata é a de que para se escrever são necessários treino, repetição, memorização. A criança, ou seja, o sujeito da aprendizagem é, portanto, "passivo" e suas primeiras tentativas de leitura e escrita são desautorizadas e coibidas, dado o risco dele "aprender errado".

b) O ponto de vista da construção individual do conhecimento:

Nessa perspectiva, que se contrapõe à primeira, a escrita é vista como representação da fala (relação dimensão sonora/extensão gráfica) e um objeto de conhecimento, buscada por um sujeito ativo que passa por "conflitos cognitivos". No processo de aprendizagem, a criança comete erros, mas esses são analisados como parte do processo construtivo. Tal processo construtivo é descrito em termos de fases ou níveis de desenvolvimento, sistematizadas por Ferreiro e Teberosky. Certo está que o conflito cognitivo não pode ser ignorado, no entanto, também é necessário considerar aspectos da função e a funcionalidade da escrita, da dimensão

---

6. A descrição desses três pontos de vista envolve paráfrase do texto de Smolka e alguma elaboração pessoal das autoras. Evitaremos remições constantes, dando o crédito apenas ao final desta discussão.

simbólica, do processo de conceitualização e elaboração das experiências, da metalinguagem. Há, ainda, um conflito social a ser considerado.

c) Por fim, o ponto de vista (que abrange o segundo) da interação, da interdiscursividade:

Esse inclui, fundamentalmente, o aspecto social: funções, condições e funcionamento da escrita. Aqui não se leva em conta apenas a atividade cognitiva (piagetiana), mas a escrita é considerada atividade discursiva. Abre-se grande espaço para as funções interativa, instauradora e constituidora do conhecimento. Ao se alfabetizar, na perspectiva discursiva, a criança lida com uma escrita situada, com interlocutores precisos, objetivos claros. A criança aprende a dizer o que deseja pela escrita. Faz, usa, pratica, conhece. Aprende? Há lugar para dizer o se quer na escola? (Smolka, 1988, p. 62/3).

Defensora do terceiro ponto de vista, Smolka critica e desnuda a inadequação dos processos de ensino baseados no primeiro ponto de vista, incorpora aspectos do segundo ponto de vista e o supera, ao apontar suas lacunas.

Recuperando as concepções de linguagem de Piaget e de Vygotsky, Smolka discute o conceito de fala egocêntrica (aparição e desenvolvimento) nos dois sistemas teóricos para, enfim, problematizar: "como se relacionam e se articulam discurso interior e discurso escrito"? (Smolka, 1988, p. 66). De um lado, temos Piaget evidenciando a função representativa da linguagem e, de outro, temos Vygotsky enfatizando a função constitutiva e constituidora da linguagem. Na interlocução, Smolka explica, justifica, revela, provoca, aponta possibilidades e limites de ambas as teorias, conectando todo esse movimento reflexivo, sempre, com a alfabetização.

Teoria e empiria se entrelaçam no texto, que se distancia do modelo convencional de tese. A cada episódio de leitura e escrita de crianças que é focado, fruto de observações empíricas, a autora vai apresentando/ discutindo seus pressupostos, deslocando a análise e evidenciando, entre outras coisas,

[...] que o que está implícito nas práticas da professora são concepções de aprendizagem e de linguagem que não levam em conta o processo de construção, interação e interlocução das crianças, nem as necessidades e as atuais condições de vida das crianças fora da escola e, por isso mesmo, podem ser consideradas historicamente ultrapassadas (Smolka, 1988, p. 49).

No contexto de seu trabalho, as práticas escolares são irremediavelmente caracterizadas como sendo descontextualizadas, com interação restrita/contida, com a língua sendo trabalhada sem sentido. Procura nas práticas alfabetizadoras, mas não encontra, a dimensão simbólica, a dimensão pragmática, a dimensão lúdica, a dimensão dialógica da escrita (Smolka, 1988). Nas observações de sala de aula, Smolka constata que a escola "ensina palavras isoladas e frases sem sentido e não trabalha com as crianças, no ano escolar de alfabetização, o 'fluir do significado', a estruturação deliberada do discurso interior pela escritura" (Smolka, 1988, p. 69).

Temos, então, a defesa de um processo de alfabetização como interação e interlocução (convivência e diálogo). Podemos dizer que na perspectiva de Smolka faltava sentido na alfabetização, pois não bastava que essa se relacionasse com a vida: ela precisava ser vivida como a vida.

Ressignificando completamente as interações em sala de aula (professor-crianças; crianças entre si; pesquisador-criança), Smolka evidencia a gradual internalização e elaboração de diferentes funções, como a dos interlocutores, leitores e escritores. Para ela,

> O que a análise dessas instâncias começa a nos apontar é a dimensão interdiscursiva, a importância da relação dialógica do trabalho simbólico da escritura. É a emergência da escritura como prática discursiva. Enquanto internaliza a "dialogia" falando com os outros, a criança vai também elaborando a escrita como uma forma de diálogo (Smolka, 1988, p. 74).

Sinteticamente, podemos mencionar que o texto de Smolka é pioneiro na divulgação da "psicologia soviética", em especial os trabalhos de Vygotsky, com a característica específica de pensar o desenvolvimento da criança e sua apropriação da escrita, essa última entendida como produto da cultura. A partir da perspectiva histórico-cultural de desenvolvimento e construção do conhecimento, Smolka discute, entre outros aspectos: a natureza social/semiótica da atividade mental; os processos de mediação e interação; os processos de internalização; os processos de significação; a linguagem como constitutiva e constituidora; as relações discurso interior e escrita; a constituição da subjetividade; a construção da escrita como processo discursivo e dialógico; as práticas sociais; as relações de ensino; o olhar sobre a criança.

Todo esse conhecimento sugere um "modo de fazer" diferente. A alfabetização como atividade discursiva pressupõe que o professor deixe a criança falar e tenha "ouvidos de ouvir criança" (Bloch, 2007, p. 86)[7]. Caso se assuma essa perspectiva, necessário se faz uma alteração total nas relações de ensino, no sentido de torná-las mais democráticas, mais humanas, mais significativas. A aprendizagem da linguagem escrita se viabiliza por meio de textos "reais", nos quais se tem o que dizer e para quem dizer e os modos desse dizer vão-se constituindo nas interações.

Para terminar

Iniciamos este texto tendo como objetivo situar, historicamente, no contexto das principais discussões sobre alfabetização no Brasil, a obra *A criança na fase inicial da escrita: a alfabetização como processo discursivo*, de Ana Luiza Bustamante Smolka, a fim de evidenciar aspectos de sua contribuição, após trinta anos de sua divulgação.

Neste espaço, retomamos a pergunta de Smolka, anteriormente aludida, feita pela autora há três décadas: "Como e por que as constatações e as contestações de Ferreiro se legitimam e se convencionalizam neste momento?" (Smolka, 1988, p. 18).

Será que temos hoje, com certo distanciamento histórico, elementos para identificar o porquê de o construtivismo (o novo) ter se tornado

---

7. In: LISPECTOR, Clarice. *Entrevistas*. Rio de Janeiro: Rocco, 2007.

hegemônico, institucionalizando-se em diferentes redes e, em alguma medida, abafando a perspectiva discursiva (o novíssimo), defendida pela autora?

Refletimos que, na verdade, trata-se de pergunta muito complexa. No entanto, talvez, seja possível apontar um dos ingredientes da recriação da "invenção da tradição" (Hobsbawm, 1988), em termos da alfabetização, no Brasil, após esta releitura do texto de Smolka.

As ideias e perspectivas dos diferentes autores, aqui apresentadas no contexto das "influências intelectuais e publicidade" (Darnton, 1990), surgiram de forma simultânea e concorreram em influenciar os âmbitos das práticas pedagógicas, da formação de professores e da pesquisa.

Por um lado, temos *A criança na fase inicial da escrita [...]*, um texto denso, interlocutivo, aberto, desafiador, no qual se pode vislumbrar uma proposta de intervenção, a partir de inúmeras questões apresentadas e discutidas significativamente por Smolka. A própria autora adverte para os desafios, incertezas e contradições ("falas e "lugares sociais") que emergirão ao se permitir "o exercício do dizer das crianças, das várias posições que elas vão ocupando, dos distintos papéis que elas vão assumindo — como leitoras, escritoras, narradoras, protagonistas, autoras... [...]" (Smolka, 1988, p. 112).

De outro lado, temos a *Psicogênese da escrita*, com suas fases bem caracterizadas e com a possibilidade de qualquer professor reaplicar os achados da pesquisa com seus alunos. Aplicar os testes psicogenéticos e constatar que a teoria "funciona" representa para os professores, até nossos dias, algo fascinante.

A hipótese que estamos levantando é a de que tanto a psicogênese da língua escrita, como a perspectiva discursiva da alfabetização, envolve mudança paradigmática para embasar as práticas, só conseguida por meio de muito esforço intelectual e estudo. Ambas as teorias discutem processos de aprender; ambas criticam a escola, seus métodos, as cartilhas, a concepção de criança. A psicogênese não propõe método e pouco se preocupa com o âmbito do ensinar, apostando na explicitação da relação do sujeito ativo com o conhecimento. Já a perspectiva enunciativa não desvincula os modos de aprender dos modos de ensinar, apostando nas interações sociais e culturais de um sujeito ativo e situado. No entanto, parece haver no construtivismo (e aqui vem a hipótese) algo mais palpável e visível que facilitou sua disseminação e/ou certas apropriações, quase sempre, simplificadas.

Esse "algo", apenas a ponta do iceberg para responder a questão da hegemonia do construtivismo, pode estar escondido na organização textual dos textos em questão (conteúdo temático, construção composicional e estilo), que, de resto, reflete concepções de mundo, sociedade e conhecimento. Temos, pois, de um lado um texto mais diretivo e definitivo (com verdades "comprováveis") e, de outro, um texto aberto, inquiridor, perturbador (com uma realidade a ser construída), que caem em uma cultura escolar, absolutamente, acostumada a imposições e receitas. Esse raciocínio pode ser considerado reducionista, mas isso explicaria, em parte, a maior aceitação da Psicogênese.

O tempo passou, o construtivismo teve seu momento (deixando suas marcas) e atualmente é a perspectiva do letramento que se sobressai no cenário nacional, mas o clássico *A criança na fase inicial da escrita* [...], embora não incompatível com essa, é mais amplo e continua atual, pois continuamos acreditando "que a alfabetização seja possível e viável — como trabalho e co-autoria na História" (Smolka, 1988, p. 113) e, ainda, tentando refletir sobre formas mais adequadas de se alfabetizar na perspectiva discursiva.

Muitas indagações da autora continuam ressoando, sem respostas... Indagações e ideias contidas no texto que completa trinta anos e em tantos outros, escritos posteriormente. Indagações e ideias compartilhadas em cursos ministrados nos rincões deste país. Oxalá um "modo de fazer" diferente, um dia, atinja majoritariamente nossas práticas alfabetizadoras!

As memórias, que abrem este texto, e que marcam nosso "posto de observação", (para parafrasear Geraldi, 1991), evidenciam, de certo modo, nossa trajetória de pesquisadoras de uma universidade do centro-oeste, que enfrentaram não poucos desafios na sua formação acadêmica, tendo o privilégio de conhecer a pesquisa de Ana Luiza Smolka num momento importante de suas vidas, acatando com entusiasmo a contribuição da perspectiva discursiva da alfabetização, que ela levava de modo inaugural.

Referências

AMANCIO, L. N. de B. *Cartilhas, para quê?* Cuiabá-MT: EdUFMT, CONPED, 2002.

CARDOSO, C. J. *Cartilha Ada e Edu:* produção, difusão e circulação. Cuiabá-MT: EdUFMT, 2011.

CUNHA, L. A.; GOES, M. de. *O golpe na educação.* 4. ed. Rio de Janeiro: Jorge Zahar, 1987.

CURY, C. R. J. *A educação como desafio na ordem jurídica.* In: LOPES, E. M.; FARIA FILHO, L. M.; VEIGA, C. G. (Org.). *500 anos de educação no Brasil.* Belo Horizonte: Autêntica, 2000.

DARNTON, R. *O beijo de Lamourette:* mídia, cultura e revolução. Trad. Denise Bottmann. São Paulo: Companhia das Letras, 1990.

FERREIRO, E.; TEBEROSKY, A. *Psicogênese da língua escrita.* Trad. Diana M. Lichtenstein, Liana Di Marco, Mário Corso. Porto Alegre: Artes Médicas, 1985.

GERALDI, J. W. *O texto na sala de aula.* 3. ed. Cascavel: Ed. Assoeste, 1987.

_____; _____. *Portos de passagem.* São Paulo: Martins Fontes, 1991.

MELLO, G. N. *Magistério de 1º Grau:* da competência técnica ao compromisso político. São Paulo: Cortez, 1982.

HILSDORF, M. L. S. *História da educação brasileira:* leituras. São Paulo: Cengage Learning Editores, 2003.

HOBSBAWM, E. J.; RANGER, Terrence (Eds.). *The invention of tradition.* Cambridge: Cambridge University Press, 1988.

LIBÂNEO, J. C. *Democratização da escola pública.* A pedagogia crítico-social dos conteúdos. São Paulo: Loyola, 1986.

MORTATTI, M. do R. L. *Os sentidos da alfabetização (São Paulo/1876-1994).* São Paulo: Editora da Unesp/COMPED, 2000.

_____. *Educação e letramento.* São Paulo: Editora da Unesp, 2004.

ROMANELLI, O. *História da Educação no Brasil:* 1930/1973. Petrópolis: Vozes, 1978.

SAVIANI, D. *Escola e democracia.* São Paulo: Cortez, 1983.

SMOLKA, A. L. B. *A criança na fase inicial da escrita:* a alfabetização como processo discursivo. São Paulo: Cortez; Campinas: Editora da Universidade Estadual de Campinas, 1988.

SOARES, M. B. As muitas facetas da alfabetização. *Cadernos de Pesquisa*, n. 52, fev. 1985.

_____. *Linguagem e escola:* uma perspectiva social. São Paulo: Ática, 7. ed., 1989.

_____. Aprender a escrever, ensinar a escrever. In: ZACCUR, E. (org.). *A magia da linguagem*. Rio de Janeiro: DP&A Editora, 2001.

_____. Letramento e alfabetização: as muitas facetas. *Revista Brasileira de Alfabetização*. n. 25, jan./fev./mar./abr., 2004.

Projeto de Incentivo à Leitura: uma experiência de pesquisa e formação*

Lila Cristina Guimarães Vanzella

Introdução

Na página 9 da obra: *A criança na fase inicial da escrita: a alfabetização como processo discursivo* (Smolka, 1989), encontramos a referência ao Projeto de Incentivo à Leitura (P.I.L) — Subsídios Metodológicos para Professores da Primeira Série do Primeiro Grau. O P.I.L, coordenado pela Profa. Dra. Ana Luiza Bustamante Smolka, foi desenvolvido no período de 1983 a 1985, em escolas da rede pública do município de Campinas, e se propunha a atuar junto aos professores em formação (estudantes do curso de pedagogia da Faculdade de Educação da Universidade Estadual de Campinas) e em serviço (professores da rede oficial de ensino), a fim de buscar estratégias pedagógicas que tivessem o jogo e a literatura infantil como procedimentos centrais, visando esclarecer e facilitar o aprendizado da leitura e escrita,

---

* Esse texto foi elaborado a partir da dissertação de mestrado da autora: *Projeto de Incentivo à Leitura — Uma Experiência de Formação do Professor Alfabetizador*, defendida em 1996 na Faculdade de Educação da Universidade Estadual de Campinas, orientada pela Profa. Dra. Gilberta Sampaio de Martino Jannuzzi.

antes e/ou durante o processo formal de alfabetização e pesquisar o processo de aquisição da linguagem escrita (Smolka, 1983a, p. 3).

Os resultados desse projeto em relação à pesquisa sobre o processo de aquisição da linguagem escrita em crianças brasileiras em idade pré-escolar e escolar chegaram até nós através da obra: *A criança na fase inicial da escrita: a alfabetização como processo discursivo* (Smolka, 1989). O que me proponho aqui é a contar um pouco da história do P.I.L. em relação ao trabalho desenvolvido junto ao professor, tanto aquele em cuja classe o projeto ocorreu e que dessa forma se submeteu a um processo de formação continuada, como para aquele estudante que participou do P.I.L. durante o seu processo de formação acadêmica.

1. Contexto político educacional

As mudanças ocorridas no setor político e econômico após 1964 aceleraram o processo de concentração de capital, evidenciando a opção feita pelo Estado em favor do capitalismo industrial, além de favorecerem o fortalecimento do Executivo, traduzindo-se em um Estado autoritário e centralizador.

De 1968 a 1971, uma série de atos oficiais, leis, decretos, acordos e relatórios de grupos de trabalho nacionais e internacionais ditaram a política educacional visando a adequação desse setor ao modelo de desenvolvimento que se intensificava no Brasil e o vinculava, ainda mais, ao capitalismo internacional. O Brasil inseria-se nisso, como país periférico, subdesenvolvido, dependente, mas sonhando em ser uma "grande potência mundial". Oferecia à época: uma minoria de consumidores potenciais, economicamente capazes de manter os padrões de consumo: norte-americano e europeu; abundante mão de obra de baixo custo; e matéria-prima necessária para muitos setores.

Com a cumplicidade (ou apoio) de grandes potências estrangeiras, bem como de organismos financeiros multilaterais, o Brasil pôde assim usufruir de um ambiente externo de liquidez financeira, através da tomada de empréstimos, da importação de tecnologia e da instalação de indústrias multinacionais em aliança com o Estado e com o setor privado.

Dentro desse contexto interno e externo, entre 1968-1973, o Brasil experimentou altas taxas de crescimento econômico que ficaram conhecidas como o período do "Milagre Econômico". Nesse período aconteceu a Reforma do Ensino Fundamental, em um momento marcado pela euforia nacional em que todos eram chamados a "participar do projeto de construção do "Brasil Potência"" (Saviani, 1987, p. 127). Por outro lado, era o auge também da repressão, do Estado de Terror, em que os setores responsáveis pela repressão estavam convencidos da existência de áreas de "pressão" e de "inimigos internos" em todas as camadas sociais (Alves, 1987, p. 141).

Nesse contexto, alguns grupos de oposição ao regime viam na luta armada a saída para derrubá-lo e fazer a sua revolução. A educação passou a ser vista por esses segmentos como secundária ou mesmo inexistente. Para o governo, no entanto, significava mais uma estratégia de busca de apoio e legitimidade.

A reformulação do ensino fundamental ocorreu através da Lei n. 5692/71. Os princípios orientadores da política educacional a partir dessa reforma foram: a ênfase colocada na quantidade, em lugar da qualidade; adaptação em vez da autonomia; no método, técnica em detrimento dos fins (ideais); e na formação profissional em detrimento da cultura geral (Saviani, 1987, p. 126).

Norteada por tais princípios e dentro de um contexto ditatorial, a escola pública brasileira ampliou-se e complexificou-se através de um processo de modernização conservadora, policiamento e de silêncio (Ribeiro, 1984, p. 220).

Como resultado, houve um aumento significativo no número de vagas, garantindo o acesso à escola de setores antes excluídos, provocando uma quebra na homogeneidade da clientela dessa instituição.

A primeira série do então primeiro grau, responsável por introduzir as crianças no universo da linguagem escrita, constituía-se em um verdadeiro rito de barragem, em que milhares de crianças se viam frustradas no seu desejo de aprender, marginalizadas e rotuladas como fracassadas. E no verdadeiro horror dos professores, que a consideravam muito trabalhosa e desgastante.

O modo de se entender esse fracasso e as propostas educacionais apresentadas como alternativas para se enfrentar o problema modificaram-se ao longo dos diversos períodos da história da educação brasileira.

Durante as décadas de 1950 e 1960, o discurso oficial analisou a questão do fracasso escolar como um problema individual, de cunho psicológico, psicopatológico e biológico. Era o fatalismo biológico, entendia que as deficiências no âmbito escolar tinham sua origem na herança genética, ou em problemas psicológicos (Abramovay, 1981, p. 88-89).

Nessa época, segundo Soares (1989, p. 88), as propostas educacionais orientadas pelo ideário da pedagogia renovada propunham uma alfabetização determinada pelas características, necessidades e o interesse da criança, assim como a prática pedagógica e a elaboração do plano de ação educacional deveriam estar condicionados pelo conhecimento da personalidade infantil. Enfatizavam a importância do "atendimento às diferenças individuais" e de "controle do ritmo de ensino". Os alunos deveriam receber tratamento diferenciado, a partir de suas características individuais, que eram consideradas fundamentais para uma alfabetização bem-sucedida, em que o:

> Objeto do conhecimento, na alfabetização, isto é, a língua escrita, subordinava-se ao método, em que o aspecto psicológico predominava e em que o mais importante era o ambiente estimulante e o interesse da criança, provocado por atividades lúdicas (Soares, 1989, p. 88)

Durante a década de 1970, a questão deixou de ser individual para ser social, afinal, durante esse período, pode-se dizer que as escolas públicas, ao contrário do início desse século, passaram a atender majoritariamente, embora não totalmente, as crianças das classes populares, e eram justamente essas as crianças que mais fracassavam e apresentavam-se como tendo as mesmas características sociais e culturais.

Partiu-se, então, para uma caracterização da população infantil que fracassava na Escola Pública, através de estudos valorativos e comparativos, em que os valores, o modo de vida e a cultura dos segmentos economicamente privilegiados da sociedade eram tidos como o padrão, a norma correta[1].

Em termos escolares, as crianças provindas do segmento economicamente desprivilegiado da sociedade eram consideradas com aprendizagem lenta e pobre, apáticas, desinteressadas, em sala de aula, com dificuldades de abstração e de verbalização, desajustadas diante das regras e exigências disciplinares da escola, desnutridas, e alguns pesquisadores justificavam e até previam um atraso escolar por partes dessas crianças (Patto, 1981, p. 212-213).

Segundo Patto (1981, p. 209), essa caracterização forneceu os dados necessários para explicar o fracasso e fundamentar programas e medidas educacionais "considerados capazes" de modificar esse quadro, de retirar essas crianças dessa situação de carência, de introduzi-las, integrá-las à sociedade e ao mercado de trabalho de forma estável e duradoura. Pretendia-se efetivar a democratização das oportunidades e se minimizaria a probabilidade da pobreza se autoperpetuar. A escola era apontada, como em outros momentos da história da educação brasileira, como a redentora dos males e das injustiças da sociedade.

Visando corrigir através da educação as desigualdades, foram implementados programas de alimentação escolar, de distribuição de livros e outros materiais escolares. Alguns desses programas existiam desde a década de 1950, com a diferença que a partir de 1970 eram explicitamente vinculados à população carente.

Foram implementados, em nível federal, estadual e municipal, programas de educação compensatória, de antecipação da escolarização

---

1. Orientava esses estudos e as propostas educacionais que se seguiram toda uma literatura, principalmente norte-americana, sobre a chamada marginalidade, carência ou privação cultural, temos usados "para designar uma condição dos indivíduos pertencentes às classes oprimidas, que nela apareceram impropriamente chamadas de classes baixas, classes desprivilegiadas ou camadas desfavorecidas" (Patto, 1981, p. 208).

e de educação pré-escolar, visando à expansão da rede de atendimento educacional às crianças das camadas populares em idade pré-escolar ou de iniciação à escolarização, procurando desenvolver a prontidão da clientela atendida para a alfabetização e, assim, diminuir o fracasso escolar (Patto, 1981, p. 214-216).

A fim de garantir seu modelo de desenvolvimento, o Estado de Segurança Nacional[2] associou à exploração econômica, a repressão física (tortura), o controle político e a rígida censura, estabelecendo uma "cultura do medo"[3] que inibiu e quase extinguiu a participação em atividades de oposição comunitária sindical ou política.

Durante a segunda metade da década de 1970, a coalização civil-militar no poder desde o golpe militar de 1964 começava a enfrentar e a ver exposta à sociedade suas divergências internas e a perda de apoio, tanto na sua base de sustentação civil como militar.

O Estado de Segurança Nacional, na avaliação do General Golbery, enfrentava três principais obstáculos: a excessiva centralização do Estado no Executivo; a centralização e o poder do Aparato Repressivo (redes de informação e forças de segurança) e a representação bipartidária.

Durante os anos do General Ernesto Geisel e do General João Baptista Figueiredo, a oposição mudou sua estratégia de ação, buscando primeiro fortalecer o partido oficial de oposição; segundo, formas de negociar com o governo uma política de liberalização e, terceiro, procurou aprender a utilizar os canais formais de participação.

---

2. A Doutrina de Segurança Nacional e Desenvolvimento vincula-se a teorias geopolíticas, ao antimarxismo e às tendências conservadoras do pensamento católico. Na América Latina, assumiu a preocupação com a subversão interna como resposta ao crescente número de movimentos sociais da classe trabalhadora (Alves, 1987, p. 33). No Brasil, mais especificamente, aliou-se à questão da segurança interna e externa, ao desenvolvimento econômico, e sofreu grande influência da vertente norte-americana e, como esta, se assentou no tripé Conselho de Segurança, Serviço Nacional de Informações e Estado-Maior das Forças Armadas (Germano, 1993, p. 55).

3. A cultura do medo tinha três componentes psicológicos importantes: o *silêncio* imposto à sociedade pela censura de todos os veículos de informação e de expressão de ideias (teatro, cinema, música, literatura, universidades). O *silêncio* provocava um sentimento de *isolamento* nas vítimas da repressão e/ou da exploração econômica. O *isolamento* e o *silêncio* geravam a *desesperança*, levando as pessoas a fugirem da fúria do Estado no recôndito de suas vidas particulares (Alves, 1987, p. 169).

A oposição através dos setores de elite da sociedade civil: Conferência Nacional dos Bispos do Brasil — CNBB, Ordem dos Advogados do Brasil — OAB, Associação Brasileira de Imprensa — ABI, e da política formal, Movimento Democrático Brasileiro — MDB, ampliou o espaço político, exigindo o desmantelamento do aparato repressivo, uma nova Constituição e a modificação do modelo econômico.

A população trabalhadora organizou-se e sua organização veio à tona, por volta do fim da década de 1970 e início da década de 1980, através de três principais movimentos populares: as Comunidades Eclesiais de Base, da Igreja Católica, os grupos associativos seculares e o novo movimento sindical (do campo e áreas urbanas).

Havia, nesse momento, uma forte pressão externa, em defesa aos direitos humanos, para o fim da ditadura, para programas sociais e projetos que envolvessem a participação da comunidade, visando viabilizar mudanças sociais sem ruptura no sistema econômico, em relação aos critérios estabelecidos pelas agências financeiras internacionais para a concessão de empréstimos (Germano, 1993, p. 231).

Internamente, os setores contrários ao governo militar em alguns momentos conseguiam unir-se e organizar-se, apesar das diferenças, em torno de algumas questões fundamentais, como: o movimento pela Anistia, o movimento pelas eleições "Diretas Já", e a volta ao Estado Democrático.

Dentro desse contexto, surgiram a Lei de Anistia, a lei de Reforma Partidária e os planos e programas de participação comunitária. Em contrapartida, o setor militar "linha dura", contrário à política de distensão, demonstrou seu descontentamento, intensificando sua ação.

O campo educacional reestruturou-se também. Esse esforçou evidenciava-se nas reuniões da Sociedade Brasileira para o Progresso da Ciência (SBPC), como fórum de discussão política, na realização do I Seminário Brasileiro de Educação em São Paulo e da I Conferência Brasileira de Educação em Campinas. Nesses eventos debateu-se a política educacional vigente e alternativas a ela, como a criação de vários cursos de pós-graduação, surgimento de entidades e uma série de publicações e periódicos com o objetivo de colocar em discussão temas significativos para a educação brasileira[4].

Outra faceta dessa reorganização aconteceu com o movimento de educadores de todos os níveis (universitários, e de educação básica). Aos poucos rompia-se a cultura do medo imposta pelo regime militar, e a luta por melhores salários, condições de vida, trabalho e pela democratização tomava força[5] (Alves, 1987, p. 252-266; Ribeiro, 1984; Carvalho, 1981; Höfling, 1993, p. 59; Germano, 1993, p. 244)

Segundo Soares, em sua pesquisa "Alfabetização no Brasil — O Estado do Conhecimento" (1989), foi apenas a partir do final da década de 1970 e início da de 1980 que a alfabetização infantil tornou-se prioridade na área educacional do país e pôde ser percebida pelo aumento da produção científica sobre o tema, como também pelo número de encontros e seminários realizados, projetos e propostas pedagógicas, oficiais ou não, que foram implementados[6].

No fim da década de 1970 e início da década de 1980, nos espaços criados para tanto, o discurso oficial sobre a educação e seu modo de conceber a alfabetização passaram a ser profundamente questionados, acompanhando todo um movimento de crítica às condições da escola, à sua organização, ao seu trabalho, aos compromissos da política educacional vigente, à concepção de criança.

---

4. Em 1978 surge o Centro de Estudos Educação e Sociedade (CEDES) e a Associação Nacional de Pós Graduação (ANDE); em 1979 inicia-se a publicação da revista Educação e Sociedade, posteriormente os *Cadernos do CEDES* e em 1981 a *Revista da Associação Nacional de Educação* (ANDE) (Höfling, 1993, p. 57; Germano, 1993, p. 245).

5. Em 1979, surge o Movimento de Luta por Creches, o Comitê de Defesa do Ensino Público e Gratuito, composto dentre outros pela: Associação de Docentes da Universidade de São Paulo (ADUSP), Associação de Professores da Pontifícia Universidade Católica (APROPUC), Associações de Bairro, Movimento Contra a Carestia, e os movimentos estudantis UEE (União dos Estudantes Estaduais) e UNE (União Nacional dos Estudantes) (*Anais I Conferência Brasileira de Educação*, 1981, p. 141-142).

6. Alguns exemplos de eventos: Seminário Aprendizagem da Língua Materna — Uma abordagem Interdisciplinar, Brasília, 1982; Seminário Multidisciplinar de Alfabetização, São Paulo, 1983; Alfabetização: Lendo e Escrevendo e Cartilha da Amazônia (AM), 1976; Programa alfa (SP), 1979; Projeto de Alfabetização de Mogi das Cruzes (SP), 1979; Proposta Didática Integrada para Alfabetizandos em Escolas de Periferia Urbana — Construção e Validação, GEEMPA (Grupo de Estudos sobre o Ensino de Matemática de Porto Alegre) (RS), 1979; Projeto Aprender Pensando, Recife (PE), 1980.

O fracasso das crianças oriundas das camadas populares na instituição escolar passou a ser analisado de outro ângulo. A questão passou a ser: quem fracassa — a criança ou a escola, por não conseguir ensinar as milhares de crianças que são expulsas do seu interior há anos?

Ao se questionar a competência e a eficiência da escola no cumprimento do seu trabalho, vislumbrava-se a possibilidade do ensino formal ser um espaço possível de educação das crianças das classes trabalhadoras e de diversos segmentos da sociedade.

Passava-se a ver na escola um espaço de contradição, de mediação.

A educação popular, no início dos anos 1980, era vista por alguns grupos como toda aquela voltada para os interesses das classes trabalhadoras, ocorrendo no bojo do movimento popular ou no sistema de educação formal destinada a adultos ou aos filhos destes em idade escolar.

Em relação à alfabetização, esse período foi responsável pela introdução de uma série de questões técnicas a respeito do trabalho de ensinar e sobre o processo de aquisição da linguagem escrita, assim como de novas perspectivas de análise. Outras ciências começam a demonstrar interesse pela alfabetização, tais como a linguística, a psicolinguística, a sociolinguística e a sociologia.

Iniciaram-se, também nesse período, tentativas de estudar o processo de aquisição da linguagem escrita numa perspectiva interdisciplinar, as quais eram norteadas por referencial teórico, basicamente vinculado à psicologia e à pedagogia.

Em relação à criança, caía por terra uma série de afirmações presentes e disseminadas pela teoria da carência cultural.

A distância entre o universo cultural do aluno e o universo apresentado pela escola é apontado como uma das causas do fracasso escolar, impondo a necessidade de se rever, no caso da alfabetização, o modo como a escrita era apresentada às crianças. Inicia-se, então, um movimento que retomava algumas ideias do princípio do século e as redimensionava, para que o processo de ensino tivesse como ponto de partida a realidade, o vocabulário da clientela a que se destinasse, e considerasse a forma como a criança elaborava o conhecimento. O fracasso escolar passa ser visto a partir das dinâmicas interna e externa à unidade escolar.

2. O Projeto de Incentivo à Leitura (P.I.L.)

As origens do Projeto de Incentivo à Leitura nos remetem aos anos de 1981 e 1982 no encontro entre uma proposta de estágio, um compromisso com a pesquisa e uma realidade clamando para ser conhecida, compreendida e por alternativas para ser transformada. Não irei aprofundar-me aqui nesse percurso, apenas indicá-lo[7]. O início do trabalho ocorre no CEAPE (Centro de Atendimento ao Pré-escolar) localizado na periferia de Campinas.

A proposta de trabalho no CEAPE apontava para a urgência de se reconhecer que a "linguagem é uma 'invenção' social, um processo de criação e elaboração cultural, que se baseia na capacidade do homem de imaginar, de simbolizar e de comunicar as experiências vividas" (Smolka, 1983b, p. 3). E para a necessidade de se reconhecer que a criança

> começa a fazer sentido do mundo interagindo nele com os outros; no curso do seu desenvolvimento, o universo de suas experiências se amplia, possibilitando uma crescente capacidade de conceitualização de verbalização e de comunicação (fala e diálogo) dessas experiências; concomitantemente, aumenta a possibilidade de elaboração do pensamento e de construção conjunta do conhecimento, o que, por sua vez, conduz a um nível cada vez maior de conscientização e participação efetiva da sociedade. Neste processo, a linguagem escrita constitui um instrumental poderoso e valioso a ser adquirido, compartilhado e desenvolvido (Smolka, 1985b, p. 48).

Pedagogicamente o trabalho no CEAPE organizou-se a partir do jogo e da literatura, dar a palavra à criança, propiciando a ela redimensionar sua ação e o seu conhecimento, ou seja, ajudá-la a perceber que ela pode pensar sobre o que faz, vive, fala e conhece; falar a respeito (com os amigos, familiares, professores e outros); ouvir o que o outro tem a dizer (através

---

7. Mais informações sobre esse período podem ser encontradas em VANZELLA, Lila Cristina Guimarães. *Projeto de Incentivo à Leitura — Uma experiência de Formação do Professor Alfabetizador.* In Anais XVI ENDIPE — Encontro Nacional de Didática e Práticas de Ensino, Unicamp, 2012.

do diálogo com aqueles que a cercam ou que estejam distante pela escrita); registrar e expressar-se de diferentes modos através da imagem (desenho, pintura, recorte e colagem, modelagem, fotografia, slides, vídeos etc.), do próprio corpo, da música, do teatro, da escrita, e retomar de um outro lugar a sua ação e seu conhecimento sobre o mundo.

A divulgação do trabalho do CEAPE gerou a demanda, por parte de alguns profissionais da Rede Oficial de Ensino Estadual e Municipal, de que esse fosse realizado em escolas de 1° grau, mais especificamente em primeiras séries que apresentavam problemas. Nas escolas, embora a proposta de trabalho fosse de ocorrer em sala de aula com todos os alunos, os professores não aceitaram. Argumentavam que era preciso trabalhar com os "bons", não se poderia perder tempo com atividades lúdicas, não significativas para o processo de aprendizagem dos conteúdos acadêmicos (Smolka, 1982b, p. 5-6).

Avaliando o trabalho desenvolvido no contexto escolar e considerando que um dos objetivos *era abrir um espaço que favorecesse um maior interesse por atividades relacionadas à leitura e escrita,* observou-se que se ampliou o interesse das crianças pela leitura, e que elas passaram a relacionar as histórias ou elementos dessas com suas vidas. No entanto, apesar do trabalho realizado, das crianças apresentarem melhor desempenho, e das professoras reconhecerem certas mudanças relevantes no comportamento e desempenho desses alunos, isso foi levado em consideração e todas foram reprovadas, mesmo aquelas que do ponto de vista da equipe do programa estavam alfabetizadas (Smolka, 1982b, p. 3; Smolka, 1987, p. 24).

A partir da experiência de 1982, os documentos passaram a indicar uma mudança nas questões colocadas, explicitou-se nos mesmos um questionamento sobre a validade de uma proposta alternativa fora do sistema escolar e, mais especificamente, fora da sala de aula.

Em 1983, a equipe de trabalho se amplia, assim como a demanda de escolas da rede oficial de ensino. Elabora-se, então, *o* Projeto de Incentivo à Leitura — Subsídios Metodológicos para Professores da 1ª série do 1° grau (P.I.L.).

O P.I.L. foi desenvolvido no período de 1983 a 1985, em escolas da rede pública do município de Campinas, com apoio financeiro de instituições de apoio à pesquisa[8].

Considerando as reflexões disparadas pelas experiências anteriores, o P.I.L. levantava, entre outras, as seguintes questões: O que fazer? Como ajudar a criança a perceber que a leitura pode ampliar seu conhecimento do mundo e integrá-la mais efetivamente no processo de construção sócio-histórica? (Smolka, 1983a, p. 7).

O Projeto de Incentivo à Leitura propunha-se a ir para a escola, para a sala de aula para junto do professor e da criança.

> Investigar os processos de desenvolvimento da linguagem escrita[9] na criança proporcionar subsídios metodológicos para que tal desenvolvimento aconteça, diagnosticar, prevenir e, se possível, remediar, algumas causas determinantes do fracasso escolar, abrir aos professores a oportunidade de se tornarem pesquisadores dentro da própria sala de aula, ampliando a dimensão do seu trabalho diário, e renovando o sentido, a perspectiva e a função deste trabalho (Smolka, 1983a, p.10).

A linguagem escrita era percebida como elemento cultural a ser explorado, entendido e interpretado em seus vários níveis de funcionalidade. Tal concepção impõe a necessidade de "explicitar, desde os anos pré escolares, o valor da leitura e o mundo de experiências que ela é capaz de expressar e comunicar" (Smolka, 1980b, p. 1-2).

Tal afirmação tem como pressuposto um conceito de leitura e escrita, que vai além dos muros escolares e da necessidade de mostrar rendimento e aproveitamento ao professor.

---

8. Fundação para o Livro Escolar de São Paulo (F.L.E.), a partir de julho de 1983 e por um período de 12 meses, do Instituto Nacional de Estudos e Pesquisas Educacionais (INEP), a partir de dezembro de 1983 por um período de 12 meses, e da Subsecretaria de Ensino Superior (SESU) do Ministério da Educação e Cultura (MEC), em 1984 e 1985.

9. A investigação do processo de aquisição da linguagem escrita pela criança não será objeto de estudo e análise deste trabalho. A obra: *A criança na fase inicial da escrita. A alfabetização como processo discursivo* (Smolka, 1989) que está sendo objeto desta homenagem, é a referência para esse tema.

A leitura tem sido limitada pelos muros escolares. A criança precisa estudar, a fim de demonstrar ao professor o domínio da matéria transmitida. O material de leitura a que se tem acesso nas escolas é o livro didático, que possui "uma linguagem artificial e inadequada, se refere a situações e experiências que não correspondem à realidade vivida pelas crianças" (Smolka, 1980b).

Mesmo as leituras consideradas "paradidáticas" são trabalhadas visando a avaliação do professor, e este muitas vezes está mais preocupado com a capacidade de memória do que com a capacidade de compreensão do aluno (Smolka, 1980b).

O projeto se propunha a conhecer e compreender o processo de aprendizagem que ocorre com a criança quando entra em contato com o material escrito, o que abriria perspectivas no sentido de colaborar para o planejamento e a prática de programas de alfabetização e ensino da leitura (Smolka, 1980a, p. 4).

A análise realizada pela equipe do projeto e apresentada no Relatório Final do ano de 1984 (Smolka, 1984b, p. 37-39) e em Smolka (1987, p. 16-18) *"indicava que o conhecimento e a elaboração da criança sobre a linguagem escrita é marcadamente influenciada pelos contextos de interação, informação e ensino nas escolas"* (grifos da autora desse trabalho).

2.1 A formação dos professores

Em relação aos professores, o P.I.L. apontava para o sentimento de perplexidade que os invadia diante dos altos índices de repetência e evasão

> Sem encontrarem, contudo, subsídios práticos ou teóricos que os auxiliassem no diagnóstico das causas de tais problemas, ou que os encorajassem a experimentar com confiança novas estratégias de ensino, sobretudo no que diz respeito ao processo de alfabetização (Smolka, 1983a, p. 2).

A proposta do Projeto questionava o conhecimento do professor sobre o desenvolvimento e a psicologia infantil, os processos de aquisição da linguagem escrita pela criança, a língua portuguesa e alternativas de ensino.

Considerava importante que os professores conhecessem a realidade das crianças, os diversos níveis de conhecimento sobre a linguagem escrita, as diferenças individuais, culturais e sociais. Para tanto, recuperava e sistematizava a experiência dos anos anteriores, organizando-se em torno de três frentes de trabalho, que constituíram a espinha dorsal da proposta: a aquisição da linguagem escrita pela criança na escola, a atuação junto ao professor e à criança.

O trabalho junto ao grupo de professores teria como objetivo:

> primordial desenvolver com eles "técnicas que possibilitem a criação de uma metodologia de alfabetização, através da literatura infantil, levando-se em consideração:
> — a importância de se conhecer e respeitar as experiências e a bagagem cultural que cada criança traz para a escola;
> — a necessidade de se encorajar e ampliar a capacidade comunicativa de cada criança;
> — a necessidade de se desenvolver novas estratégias para motivar a criança para a leitura;
> — a necessidade de se conhecer a literatura infantil brasileira, tomando consciência da legitimidade do prazer estético que ela proporciona, a fim de que se possam explorar seus valores e riquezas também dentro da escola (Smolka, 1983a, p. 11).
> — a necessidade de encorajar os professores a registrarem suas próprias experiências, o que possibilitará uma reflexão, uma avaliação e uma troca com outros professores (Smolka, 1983c, p. 4).

O P.I.L. fundamentava a sua proposta de trabalho, como nos anos anteriores, na "exploração da literatura infantil, através de um procedimento essencialmente lúcido, visando incentivar, esclarecer e facilitar o aprendizado da leitura e escrita, antes e/ou durante o processo formal de alfabetização" (Smolka, 1983c, p. 4).

O Projeto foi desenvolvido nas escolas por profissionais pós-graduados, graduados e alunos de pós-graduação e graduação da Faculdade de

Educação da Universidade Estadual de Campinas, sob a coordenação da Professora Doutora Ana Luiza Bustamante Smolka, docente do Departamento de Psicologia Educacional da referida faculdade[10].

A partir de 1983, o trabalho ocorria uma vez, e em alguns casos até duas, por semana, em cada classe, por dois membros da equipe, juntamente com a professora da classe e o grupo de crianças. O planejamento do trabalho também deveria ser feito em conjunto entre a dupla da equipe e a professora da classe.

O trabalho em dupla foi assim justificado no Relatório Parcial de agosto/setembro de 1983

> 1. Aperfeiçoamento do pesquisador e preparação do auxiliar de pesquisa enquanto apoiando e implementando o trabalho do professor em sala de aula.
> 2. Maior troca de experiências e idéias para enriquecimento e busca de soluções para problemas levantados;
> 3. Maior consistência nas observações;
> 4. Maior fidedignidade nas avaliações;
> 5. Menor número de crianças por adulto, o que facilita o trabalho em pequenos grupos, possibilitando o desenvolvimento de atividades diversificadas de acordo com as necessidades e interesse das crianças. Tal estratégia visa dar subsídio ao professor para que ele possa assumir sozinho esta dinâmica em sala de aula (Smolka, 1983c, p. 5).

O trabalho das duplas era supervisionado uma vez por semana pela coordenadora, quando esse era discutido e avaliado, assim como as atividades a serem realizadas e discutidas com a professora durante o planejamento da semana seguinte. As duplas respondiam, também, pela realização e organização dos dados coletados durante a sondagem[11] do seu grupo de estudantes.

---

10. No anexo I da dissertação de mestrado de Vanzella, Lila Cristina Guimarães, *Projeto de Incentivo à Leitura — Uma Experiência de Formação do Professor Alfabetizador*, encontra-se a relação dos profissionais da Rede Estadual e Municipal, dos pesquisadores e das escolas que participaram do Projeto de 1982 a 1985.

11. A sondagem tinha como finalidade investigar as estratégias que as crianças utilizavam para fazer sentido da linguagem escrita e conhecer os níveis ou estágios em que se encontravam em relação

O trabalho realizado semanalmente era registrado pela dupla em forma de um diário de campo. A dupla também organizava relatórios mensais e semestrais de atividades, em que descreviam objetivo e a proposta desenvolvida por semana, e relatórios anuais da proposta viabilizada nas salas de aula.

O relatório final (anual) era feito na forma de um relato de experiência e deveria

> avaliar a experiência vivida, desenvolver comentários, apontar as dificuldades encontradas, como foram contornadas, apontar o que foi mais significativo, o que foi mais relevante no grupo em que trabalhou (Registro das Reuniões da Equipe do P.I.L. de 2/12/1983).

O trabalho de registrar, de relatar tanto para discutir com a coordenadora, como com a professora, com os demais membros do grupo ou para os órgãos financiadores foi fundamental para a formação, principalmente, do futuro professor, pois permitiu que esse se apropriasse do próprio trabalho e pudesse refletir sobre o mesmo.

Nem sempre foi possível avaliar e planejar com o professor. E nem sempre foi possível, ao definir a dupla, manter como critério um elemento mais experiente e outro menos, ocorrendo de um ou outro elemento levar o trabalho sem um parceiro.

O fato de se ter reunido numa mesma equipe de trabalho: profissionais, pesquisadores e alunos de graduação e pós-graduação, que se encontravam semanalmente para discussão, estudo, avaliação e planejamento foi indicado como extremamente enriquecedor e mesmo determinante principalmente na formação daquelas que eram alunas.

O trabalho direto com o professor, a presença das estagiárias na escola, na sala de aula, não só para observar ou criticar o professor, mas para

---

à escrita, ao ingressarem na primeira série (Smolka, 1983c, p. 10). Consistia de uma entrevista com cada criança e se compunha de duas partes: na primeira, o objetivo era investigar a percepção e a leitura da criança; para tanto, eram apresentadas cartelas com fotografias, rótulos, logotipos de produtos, palavras e letras, números e frases, a fim de que a criança identificasse, nomeasse e comentasse sobre elementos que ela já conhecia. Na segunda parte, o objetivo era investigar as noções de escrita que a criança possuía, era então proposto à criança que escrevesse palavras que já conhecesse e algumas sugeridas pelas pesquisadoras (Smolka, 1984a, p. 6).

assumir os sucessos e os fracassos, avaliar, retomar, voltar à escola com uma nova proposta, enfrentar os embates, não apenas com a professora da classe, mas também com os demais membros da comunidade escolar, foram fundamentais na formação do grupo de graduandas, para redimensionar a visão da escola e dar uma pequena amostra do cotidiano escolar.

Havia, no entanto, uma diferença importante no processo de formação continuada dos professores em serviço e dos futuros professores. Para as estagiárias ou auxiliares de pesquisa e para os pesquisadores, nos moldes da organização da universidade, era colocado como parte do trabalho, e reconhecido como etapas deste, o tempo para pensar, buscar informações, para discutir, planejar, elaborar materiais.

A forma como o P.I.L. se organizou, era outro diferencial significativo, pois valorizou o trabalho em grupo, a troca de experiências e de informação, o apoio.

Esses dois pontos significativos e impactantes na formação do futuro profissional contavam com um tempo e um espaço para que acontecessem — as reuniões de quinta-feira à tarde na sala de reuniões da Faculdade de Educação, então instalada nos prédios do Ciclo Básico da Unicamp.

Não era isso o que ocorria na escola de 1° grau da época, onde o isolamento dos profissionais permanecia, assim como o não direito desse professor se reapropriar do seu trabalho, levando a equipe do P.I.L., ao final desde, no último relatório (Smolka, 1985a, V — As transformações que queremos) propor:

> É preciso, então, tempo e espaço nas escolas para os professores se reunirem, trocarem ideias, estudarem juntos. Em algumas escolas, há uma meia hora por semana para esse fim. Mas como o tempo é curto, fica tudo corrido e superficial, e os assuntos se reduzem às premências burocrático-administrativas. Melhor seria se, uma vez por mês, houvesse um período — 4hs — de estudo, discussões e trabalho em conjunto. Estas reuniões ficariam a cargo e critério das professoras e da direção de cada escola.

Essas condições de trabalho não eram valorizadas e viabilizadas na escola. Enquanto para alguns setores tidos de elite, e considero a Universidade um desses setores, já era possível, mas não menos trabalhoso, um movimento para romper o isolamento e procurar formar professores que se apropriassem de todas as etapas do seu trabalho, ou seja, planejar, executar, registrar, avaliar, buscar novas informações e estratégias, planejar... Para os professores na escola, naquele momento, deveria ser ainda uma reivindicação, uma pauta de luta.

Como indicamos acima, o Projeto visava apoiar o professor em sala de aula e abrir espaço para o estudo e a formação continuada dele. Esse apoio viria da presença da equipe na escola, na sala de aula, no planejamento, implementação das propostas de trabalho junto à criança e fundamentação teórica.

Para tanto, a equipe do P.I.L. organizava seminários visando: a fundamentação teórica para a prática pedagógica, compartilhar o processo das atividades desenvolvidas em sala, a discussão, a análise e a avaliação da proposta de trabalho desenvolvida nas salas de aula e do material coletado com a sondagem, discutir alternativas e soluções para os problemas evidenciados (Smolka, 1983c, p. 6).

Esses seminários atingiram as professoras das classes piloto e as demais de primeira série, as supervisoras, orientadoras pedagógicas, diretores das escolas envolvidas, os pesquisadores e as auxiliares de pesquisa (estagiárias) do P.I.L.

Foram realizados, entre 1983 e 1984, quatro seminários que abordaram os seguintes temas: Apresentação e Discussão do Projeto de Incentivo à Leitura; Procedimentos e Métodos de Alfabetização — A Literatura Infantil como uma Alternativa Válida; Métodos de Ensino x Processos de Aprendizagem; Alfabetização e Aquisição da Linguagem Escrita. Esses seminários eram coordenados pela Equipe do Projeto.

As discussões, realizadas durante o seminário sobre *Alfabetização e Aquisição da Linguagem Escrita*, revelaram os confrontos entre o saber da universidade e do professor que se encontrava na sala de aula; entre as diversas propostas de trabalho presentes na Rede Oficial de Ensino e sua divergência das propostas anteriores mais tecnicistas. O Relatório Parcial abr./maio/jun./jul. (Smolka, 1984a, p. 12):

> Na plenária, os debates se concentraram em torno de problemas como: remanejamento, afetividade, Ciclo Básico.

Evidenciou-se certa insegurança e insatisfação por parte das professoras não diretamente envolvidas no trabalho semanal do Projeto, e uma descrença a respeito da dinâmica proposta em sala de aula. Os argumentos eram:

— que o "pessoal da Universidade" (alunos e professores) não tinha experiência de alfabetização;

— que este mesmo pessoal não lidava diariamente com 40 crianças, nas condições em que elas lidavam;

— que a proposta era, portanto inviável em escolas públicas, e sem garantias de sucesso, no que diz respeito à alfabetização.

Em 1984, foi realizado o curso *Método natural: uma alternativa para alfabetização*, coordenado pela professora Gilda Rizzo, do Instituto de Educação do Rio de Janeiro, envolvendo um pouco mais de 100 professores da rede oficial de ensino, na tentativa de oferecer a esses respostas às suas dúvidas de como modificar os seus procedimentos de ensino junto às crianças.

A partir do segundo semestre desse ano, houve uma mudança na população alvo dos seminários, que passaram a se restringir aos professores envolvidos diretamente com o trabalho em sala de aula, os diretores das escolas em cujas classes o Projeto era desenvolvido e os especialistas das redes designados para acompanhar o mesmo. Nesse semestre, os professores foram convidados a participarem das reuniões semanais da equipe, além de continuarem a ter o trabalho desenvolvido em suas classes. Foram então realizados dois seminários internos com os temas: Desenvolvimento Infantil e outro Avaliação do Trabalho.

Naquele ano de 1984, as professoras também foram convidadas a participar da sondagem realizada com as crianças no início do ano.

Houve um esforço real por parte da equipe para envolver o professor em todas as etapas do projeto, e as professoras responderam das mais diversas formas, havendo as que se "atiravam" na proposta e aceitavam o desafio; as que aceitavam o desafio, mas não se atiravam na proposta, iam com mais cautela; as que diziam aceitar o desafio, mas não revelavam isso numa atitude coerente, nem de tentativa (Smolka, 1984b, Anexo I, p. 3).

No entanto, os profissionais continuavam a afirmar que lhes faltavam informações e esclarecimentos sobre o P.I.L.). O projeto não possuía naquele momento muitas das respostas exigidas pelos professores. As questões colocadas por estes diziam respeito a: como começar? O que ensinar? Como ensinar? Como graduar? Como encadear, desenvolver e integrar "temas"? Como avaliar? (Smolka, 1984b, Anexo I, p. 4).

> Não tínhamos ainda uma experiência suficientemente elaborada e comprovada para garantir e demonstrar às professoras sua viabilidade e eficácia. Isto tinha que ser feito com elas (Smolka, 1984b, p. 21).
>
> (...) a nossa proposta de trabalho, que é um projeto, não é um programa. É projeto porque está em processo de se fazer com as crianças, com as professoras, com estudantes de pedagogia e com profissionais de outras áreas (Smolka, 1984b, p. 12).

Essas dúvidas das professoras eram, e ainda são, interpretadas por muitos professores e estudantes da universidade como sendo o desejo do professor por uma "receita" com garantia de sucesso, que o desresponsabilizasse do seu trabalho. Entretanto, elas parecem-me legítimas, pois o professor estava sendo questionado na essência do seu trabalho, por um grupo que ainda não possuía alternativas a oferecer-lhes.

Por outro lado, como encontrá-las sem estar na sala de aula, com as crianças e os professores, dentro das condições de trabalho que possuem?

2.2 O trabalho com a criança, o professor na sala de aula, na escola[12]

Segundo o Relatório Parcial de 1983 (Smolka, 1983c, p. 6-7) e o Relatório Final de 1984 (Smolka, 1984b, p. 15).

---

12. Bibliografia utilizada pelo P.I.L. para subsidiar o trabalho em classe, dentre, outros foi: Bethelheim, Bruno. *A psicanálise dos contos de fada*; Held, Jacqueline. *O imaginário no poder*; Freinet, Celestin. *Para uma escola do povo* e *O método natural III — a aprendizagem da escrita*; Ferreiro, Emília e Teberosky, A. *Los sistemas d'escritura em el desarollo del niño*; Goés, M. Cecília. *Noções sobre o desenvolvimento da linguagem escrita na criança*. Freire, Madalena. *A paixão de conhecer o mundo*; Moreira, Ana. A. A. *O espaço do desenho: a educação do educador*; Rodari, Gianni. *Gramática da fantasia*; Kammi, Constance. *A ciança e o número*; Vygotsky, L. S. *A formação social da mente*; Piaget, Jean e Inhelder, Bärbel. *A psicologia da criança*; Piaget, Jean. *A formação do símbolo na criança*.

Cada dupla iniciou a proposta em sala de aula, de acordo com as necessidades, os interesses e as condições do grupo de crianças e da professora. Assim sendo, as sugestões e o desenvolvimento das atividades em cada grupo foram distintas, diversificadas e peculiares.

Nos anos de 1983 e 1984, o trabalho se caracterizou como atividade extracurricular, em paralelo à proposta da professora. Segundo o Relatório Final de 1985 (Smolka, 1985a, p. 3):

> Durante os anos de 82, 83, 84, o Projeto de Incentivo à Leitura se desenvolveu em escolas e instituições ligadas à Prefeitura, em pré-escolas e classes de primeira série, através de estagiárias que trabalhavam com as crianças e as professoras, na busca de alternativas de ensino. A proposta de trabalho e pesquisa do Projeto — relacionada aos processos de desenvolvimento e aquisição da escrita na criança — era então realizada nas salas de aulas uma ou duas vezes por semana, dias em que as estagiárias iam às escolas. Nos outros dias, as professoras consideram impossível realizar a proposta, dadas as condições de trabalho que tinham: elas se encontravam sozinhas, em classes superlotadas, com enorme escassez de materiais, expectativa e cobrança com relação à alfabetização, além de se queixarem de falta de informações e despreparo para levá-la avante.

Para viabilizar a proposta do P.I.L., foi preciso alterar a organização da classe, a presença de outras pessoas em sala de aula (auxiliares de pesquisa e pesquisadoras), outras regras, outros instrumentos de trabalho, não bastavam giz e lousa, lápis e caderno.

As alterações na organização da sala de aula se adequavam à proposta de trabalho e ao espaço que ela exigia, não sendo, portanto, fixas e acabadas. Outras vezes, as mudanças se sucediam até encontrar um modo satisfatório para a dinâmica da turma, ou que se adequasse às condições da escola.

Na maioria das escolas, as classes estavam organizadas em fileiras, com as carteiras uma atrás da outra, os materiais, quando existentes, ficavam com a professora ou com os alunos individualmente, ou ainda na sala da diretora, desconhecidos das professoras e das crianças. A maioria das professoras usava a cartilha, as comercializadas ou mimeografadas.

A presença dos pesquisadores em sala de aula, assim como a inserção de outros recursos, foram fontes de críticas por profissionais da rede oficial de ensino e da Universidade, como indicado no Anexo I do Relatório Final de 1984 (Smolka, 1984b)

> De um lado as críticas de Professores Universitários:
> a) Pela presença dos pesquisadores em sala de aula: iriam tirar a autonomia das professoras, assumir um lugar e uma função que não é deles na escola.
> b) Além disso, pelo apoio financeiro conseguido, o Projeto iria criar condições que não correspondem à realidade cotidiana das professoras nas escolas: livros de estórias na sala de aula, tinta, tesoura, canetas hidrográficas, lápis de cor...
> De outro lado
> c) As críticas das próprias professoras, considerando insuficiente a ida na escola apenas uma vez por semana: para uma mudança como a que estava sendo proposta, era necessário um acompanhamento diário, todos os dias se possível.

A presença de outros elementos humanos e materiais, de uma outra proposta de trabalho que não era assumida pela professora, gerou momentos de grande indisciplina em sala e de produção também.

Os momentos de indisciplina foram motivos de grande angústia para professores e pesquisadores. Com o tempo, foram sendo identificados alguns dos momentos em que ocorria e o porquê: momentos de transição de uma atividade para outra; a falta de material e espaço físico; a não explicitação do plano de trabalho e as regras para o mesmo, a não avaliação deste com as crianças; o fracasso, a frustração na realização da proposta, quando a proposta estava toda centrada no adulto (materiais e orientações), ou quando estava totalmente a cargo da criança. A falta de experiência em relação ao domínio da classe, o medo de reproduzir práticas autoritárias e de repressão.

Cabe ao professor a liderança do trabalho pedagógico em sala de aula e a escola é uma das principais agências de socialização do conhecimento elaborado pelos homens. A disciplina em classe é extremamente importante, por ser um dos mecanismos necessários na socialização do saber em sala de aula; exige, portanto, estabelecer um método de trabalho, ou seja, planejar as ações, persistir, superar momentos desagradáveis e frustrantes, visando um objetivo.

Com o tempo, diversos relatórios foram apresentando alternativas para as situações problemáticas: a caixa de livros ou a biblioteca, para quando o aluno terminasse o seu trabalho e pudesse ter algo para se ocupar, o trabalho diversificado, a organização da classe de forma que possibilitasse à criança ter acesso aos diversos materiais, o uso coletivo do material; o planejamento e a avaliação conjunta, em pequenos grupos e mesmo individual do trabalho; o estabelecimento da rotina e das regras.

Se cabe ao professor a liderança do trabalho na sala de aula, cabe a ele também criar oportunidades para que os alunos tenham oportunidade de experimentar e treinar-se na escola, em situações que exijam liderança, cooperação, participação, solidariedade, discussão, autonomia e criticidade, valores esses que muitos já experimentavam fora da escola, mas, que pareciam ir na contramão dessa e mesmo da nossa sociedade.

Retomando a sistemática de trabalho em sala de aula, foram criados os mais diversos momentos para o diálogo e para execução das diversas propostas com a classe toda, em pequenos grupos, em duplas, em grupos maiores, individual, coordenados pelo professor, pela criança, pela dupla, demandando tempo e espaço para essa organização. Eram diversos os assuntos abordados nesses momentos de diálogo e de trabalho[13].

Em relação aos conteúdos, considero importante indicar algumas relações para as quais os dados parecem apontar:

1. À medida que houve o domínio de algumas estratégias de trabalho (como organizar os grupos de crianças, dividir o material; como introduzir os jogos e as atividades; como apresentar os livros e as diversas técnicas de leitura) que garantiam alguma segurança em classe, passou-se a sentir a necessidade de articular os assuntos abordados pelas e com as crianças em temas de trabalho.

---

13. Na dissertação de mestrado de VANZELLA (1996) encontra-se a relação dos temas trabalhados e dos livros de literatura infantojuvenil utilizados.

2. Conforme o P.I.L. passou a realizar o trabalho junto com o professor em sala de aula e foi tomando conhecimento das exigências da escola e das demandas do professor, assim como foi organizando os dados da sondagem, o Projeto foi tentando responder a esse conjunto de fatores, comprometendo-se mais como conteúdo tanto relacionado à linguagem escrita como em relação a outras disciplinas.

3. Havia, naquele momento, também, um certo consenso no grupo de que era preciso socializar o conhecimento acumulado pela humanidade, sendo esse o papel da escola e do professor. No entanto, havia o dilema sobre qual conteúdo privilegiar, o que a criança demanda? O que o currículo propõe? O que o livro didático impõe? De que forma abordar esses conteúdos? Como introduzi-los? Quando o professor planejou? Quando a criança demandou? Quando um determinado assunto se esgotou? Como articular um determinado tema com várias abordagens ou com várias disciplinas? Quando a fala de uma criança se torna um tema de trabalho? Como articular determinado conteúdo para além da sala de aula e da escola?

Os assuntos levantados, algumas vezes, surgiram do diálogo da criança com outras crianças, outros foram propostos pelo professor, a partir da observação do grupo, por considerar relevante, ou por exigência do currículo; outras vezes, o tema era disparado pela leitura de um livro, jornal ou outro material escrito; outras vezes, era um acontecimento do bairro, do cotidiano das crianças, da televisão.

O procedimento em relação aos temas foram diversos. Às vezes, levantava-se o que a criança ou o grupo pensavam sobre o mesmo, e isso era expresso de diferentes formas.

Indagava-se sobre o que a criança pensava ou sabia sobre o mesmo, buscavam-se mais informações em livros, com profissionais da área, com membros da comunidade, e, através de experiências, visitas e passeios, organizavam-se as informações adquiridas.

Esses momentos de diálogo e de trabalho foram registrados e sistematizados através:

a) da escrita, isto é, pela elaboração de um texto na lousa, no caderno, num cartaz, música ou poesia, um álbum, dicionário, listas, fichário, peça teatral, receitas, correspondência, jornal, em exercícios e lições (isso podia ser feito em pequenos grupos, individualmente e/ou no coletivo);

b) da imagem, ou seja, desenho, pintura, recorte e colagem, dobradura, slides, filme, vídeo e/ou fotografia;

c) da expressão corporal, como brincadeiras de faz de conta, dança, mímica, teatro de bonecos, fantoches, máscaras e/ou fantasias;

d) de brincadeiras com a linguagem oral, tais como trava-língua, sons, músicas, ritmos e/ou repetições.

Muitas vezes, também, estas estratégias foram desenvolvidas sem um tema articulador, sendo esse um problema identificado tanto pelos docentes como pelos membros da equipe, levando à proposta do trabalho com temas e com os diversos conteúdos.

A literatura infantil esteve realmente presente na sala de aula; nos dias de trabalho do P.I.L., foi pretexto e implementou temas e atividades. Tocou nos mais simples e complexos problemas, abriu janelas, sorrisos, risos, gargalhadas, trouxe gritos e lágrimas também.

As histórias foram contadas e lidas a partir dos livros, das ilustrações, com objetos, através de bonecos e teatros de fantoches, tendo as crianças como personagens das histórias, filmes, slides, vídeos, fitas cassete, apresentação de teatro amador.

As histórias foram contadas por membros da dupla, pela professora, pela criança, por grupos de crianças, por outras pessoas presentes na escola.

A partir de 1984, a equipe do Projeto preocupou-se mais com a sistematização da alfabetização. Passam a ser implementadas estratégias como: decompor e recompor um texto em frases e palavras; decompor e recompor palavras em sílabas e letras; formar novos textos e novas palavras; estudar a segmentação, a direcionalidade da escrita, a organização do texto, a sequência, a pontuação, as características, valor e recursos das diferentes palavras e dos diferentes textos.

Para isso, jogos foram elaborados pelas duplas, pelas crianças ou usados os já existentes no mercado: memória, quebra-cabeça, palavras cruzadas, baralho, caixa surpresa, bingo, dominó, sequências de quadrinhos, jogos de encaixe.

Durante todo esse processo, o adulto escreveu e leu para e pela criança, escreveu e leu com a criança. A criança copiou o texto para o jornal, a receita para levar para a casa, a poesia e a história para o livro da turma, imitou a leitura e a escrita do adulto; a criança escreveu e leu com o auxílio do professor, de outra criança, de materiais escritos presentes na sala (fichas, textos, quadro de sílabas, abecedário, dicionários, livros etc.). A criança aprendeu a comunicar-se por escrito e a ler achando e perdendo o sentido; aprendeu a escrever dentro dos padrões da língua culta e a ler com sentido; aprendeu a gostar de ler e escrever para si e para o outro.

Em 1985, houve uma mudança nos espaços de realização do projeto, que não iremos tratar aqui. Alunas, recém-formadas e que participaram do P.I.L. como estagiárias e/ou auxiliares de pesquisa, prestaram concurso público municipal e ingressaram na rede pública municipal de ensino. E passaram a desenvolver o projeto como sua proposta pedagógica do infantil à quarta série do 1º grau.

Essa mudança permitiu inúmeras realizações, mas indico uma em especial. Após quatro anos de trabalho, realizou-se um seminário na Secretaria Municipal de Educação, com as professoras participantes do P.I.L. sobre critérios de avaliação.

Smolka (1985a, p. 14) relata que se reuniram professoras do infantil, do pré até a quarta série do primeiro grau, para estudar, organizar e avaliar as produções escritas das crianças, com o intuito de discutir expectativas e critérios de aprovação de uma série para outra. Esse seminário gerou um roteiro de observação a fim de oferecer alguns parâmetros ao professor para que este pudesse acompanhar o desenvolvimento do seu trabalho e do seu aluno.

O roteiro procurou ser coerente com a proposta pedagógica do Projeto e estabelecer um diálogo com o professor, demonstrando que aqueles critérios só poderiam ser utilizados para avaliar as crianças, se as condições materiais e pedagógicas tivessem sido criadas em sala, para que as mesmas pudessem ter oportunidades de revelar o seu domínio, ou não, das atividades da linguagem escrita.

No entanto, não houve uma preocupação do grupo em indicar quais as crianças que foram alfabetizadas dentro desses critérios, e quanto tempo levou. Apontar esses dados nos permitiria verificar se as crianças que tiveram sucesso nessa proposta eram aquelas que independentemente da proposta pedagógica teriam sucesso, ou seriam aquelas discriminadas e consideradas incapazes e as quais o Projeto se propunha a atingir.

Os relatórios apontam para uma preocupação central da equipe em viabilizar a proposta, provar que era possível e indicar as mudanças que precisavam ser feitas.

3. Considerações finais

A história do Projeto de Incentivo à Leitura é a história de um tenso e intenso diálogo entre professores, estudantes, pesquisadores, especialistas, diretores, alunos do ensino de primeiro grau, que por sua vez, insere-se na história de outro tenso e intenso diálogo entre diversos setores da sociedade, em torno do processo de democratização da educação e do próprio país.

Na segunda metade da década de 1970 e primeira metade dos anos 1980 os principais debates (não exclusivos) eram em torno da permanência das crianças das camadas populares na escola, para que essas pudessem realmente usufruir do acesso duramente conquistado.

Nesse momento, a sociedade como um todo estava mergulhada na ditadura militar que, para fazer sobreviver seu projeto político e econômico, via-se forçada a negociar formas de liberalização, enquanto os setores contrários buscavam formas de romper com os limites dessa.

A criança e o professor interagem e constroem o conhecimento do mundo a partir das suas condições de vida: informações, relacionamentos pessoais, bens culturais e materiais a que vão tendo acesso.

No que diz respeito às crianças das classes populares, tomar esse princípio como ponto de partida do trabalho pedagógico é crucial e implica em reconhecer a existência de diversidades, que não significam incapacidade, e em se trabalhar a partir do que a criança conhece, do que não conhece e o que ela precisa conhecer.

O modo como se organizará o trabalho da escola e da sala de aula em função dessa criança exigirá a viabilização de diferentes estratégias e uso dos mais diferentes materiais, que permitam a essa criança elaborar suas experiências e conhecimentos, e se apropriar do conhecimento elaborado pela humanidade. No entanto, isso estará condicionado ao que o professor e a escola pública tiverem acesso.

A criança, o professor e a escola pública precisam ter acesso não só a recursos diferentes e de ponta, como a mais informações, conteúdos e a um tratamento com respeito e dignidade, que lhes apontem caminhos para além da miséria e do fausto que podem ser suas vidas.

Nesse sentido, o P.I.L., refletindo o momento e as discussões educacionais em que se inseria, procurou viabilizar junto a alunos, professores e futuros professores, a possibilidade e os meios para que expressassem suas aspirações, anseios, reivindicações dentro dos códigos oficialmente aceitos.

Ao apresentar a literatura infantil como um dos recursos pedagógicos, introduziu o trabalho com o imaginário, com o sonho, com a esperança, com a afetividade muitas vezes sofridamente contidos pela e na criança.

A escola, as crianças, os professores e suas condições de vida e trabalho demandavam que a linguagem escrita, além do sonho e dos sentimentos, informasse e sistematizasse outros saberes, que permitisse uma melhor compreensão do mundo, de si, da sociedade e o acesso a possíveis alternativas de melhoria nas suas condições de vida.

O trabalho do professor encontra-se no limiar do mundo da criança, da escola, de sua própria competência e da sociedade em que vive.

O espaço da sala de aula é um dos espaços que professor e aluno têm para atingirem seus objetivos: ensinar e aprender.

Os embates tensos, felizes e angustiantes que nesse pequeno espaço acorrem demandam dos professores, enquanto categoria profissional, assumirem-se e apropriarem-se do seu trabalho: conhecer o conteúdo, conhecer as mais diferentes estratégias pedagógicas, avaliar seu trabalho e do seu aluno, planejar, executar, reavaliar, retomar, ouvir a criança, pais e outros profissionais, fazer-se ouvir, dialogar, aprender e ensinar.

E esta é uma tarefa e luta política que se alia a uma outra concomitantemente, a qual não é nem mais, nem menos importante: a luta por condições de trabalho, por reconhecimento, valorização e dignidade profissional.

Referências

ABRAMOVAY, M. O pré-escolar e as classes desfavorecidas. In: *Anais I Conferência Brasileira de Educação*. São Paulo: Cortez, 1981, p. 88-89.

ALVES, M. H. M. *Estado e oposição no Brasil (1964-1984)*. Trad. Clóvis Marques. Petrópolis: Vozes, 1987.

CARVALHO, M. J. V. *O professor estadual: um valor ameaçado*. Dissertação (Mestrado) — Pontifícia Universidade Católica de São Paulo, São Paulo, 1981.

GERMANO, J. W. *Estado militar e educação no Brasil (1964-1985)*. São Paulo: Cortez/ Editora da Unicamp, 1993.

HÖFLING, E. de M. *A FAE e a execução da política educacional: 1983-1988*. Tese (Doutoramento) — Faculdade de Educação da Universidade de Campinas, Campinas, 1993.

PATTO, M. H. S. Da psicologia do "desprivilegiado" à psicologia do oprimido. In: PATTO, M. H. S. (Org.). *Introdução à psicologia escolar*. São Paulo: T. A. Queiroz Editor, 1981.

RIBEIRO, M. L. S. *A formação política do professor de 1º e 2º graus*. São Paulo: Cortez: Autores Associados, 1984.

SAVIANI, D. *Escola e democracia*. São Paulo: Cortez/Autores Associados, 1987.

SMOLKA, A. L. B. *A criança na fase inicial de alfabetização: um processo discursivo*. São Paulo: Cortez/Campinas, Editora da Unicamp, 1989.

_____. *A alfabetização como processo discursivo*. Tese (Doutoramento) — Faculdade de Educação da Universidade de Campinas, Campinas, 1987.

SOARES, M. B. *Alfabetização no Brasil — o estado do conhecimento*. Brasília, Inep/Reduc, 1989.

VANZELLA, L. C. G. *Projeto de Incentivo à Leitura — Uma Experiência de Formação do Professor Alfabetizador*. Dissertação (Mestrado) — Faculdade de Educação da Universidade de Campinas, Campinas, 1996.

_____. Projeto de Incentivo à Leitura — Uma experiência de Formação do Professor Alfabetizador. I *Anais XVI ENDIPE — Encontro Nacional de Didática e Práticas de Ensino* — Unicamp, Campinas. Araraquara, Junqueira&Marin Editores, Livro 3 — p.000945. pp. 25-38. E-Boocks. CD-ROM. ISBN: 978-85-8203-022-6

Documentos

Anais I Conferência Brasileira de Educação. São Paulo, Cortez, 1981.

Registro das Reuniões da Equipe do Projeto de Incentivo à Leitura — Caderno de Atas. Campinas, Faculdade de Educação da Universidade de Campinas, 1983 — 2/12/1983.

SMOLKA, Ana Luiza Bustamante. *Plano de Pesquisa a ser apresentado em Virtude de Contratação RDIDP*. Campinas, Faculdade de Educação da Universidade de Campinas, 1980a.

_____. *Proposta para a criação de um Clube de Leitura Infanto-Juvenil*. Campinas, Faculdade de Educação da Universidade de Campinas, 1980b.

_____. *Programa de Incentivo à Leitura*. Campinas, Faculdade de Educação da Universidade de Campinas, 1982a.

_____. *Relatório de Atividades do Programa de Incentivo à Leitura*. Campinas, Faculdade de Educação da Universidade de Campinas, 1982b.

SMOLKA, Ana Luiza Bustamante. *Projeto de Incentivo à Leitura — Subsídios Metodológicos para Professores da 1ª série do 1º grau*. Campinas, Faculdade de Educação da Universidade de Campinas, 1983a.

_____. *Transformações Culturais — Por onde começar?*. Campinas, Faculdade de Educação da Universidade de Campinas, 1983b.

_____. *Relatório Parcial de Atividades do Projeto de Incentivo à Leitura — ago./set.* Campinas, Faculdade de Educação da Universidade de Campinas/FLE, 1983c.

_____. *Relatório Parcial de Atividades do Projeto de Incentivo à Leitura — out./nov./dez.* Campinas, Faculdade de Educação da Universidade de Campinas/FLE.

_____. *Relatório Parcial de Atividades do Projeto de Incentivo à Leitura — abr/maio/jun./jul.* Campinas, Faculdade de Educação da Universidade de Campinas/FLE/INEP/50/83, 1984a.

_____. *Relatório Final (Anual) Projeto de Incentivo à Leitura*. Campinas, Faculdade de Educação da Universidade de Campinas/MEC/INEP/SESU/FLE, 1984b.

_____. *Relatório Final do Projeto de Incentivo à Leitura*. Campinas, Faculdade de Educação da Universidade de Campinas/MEC/SESU/SMEC, 1985a.

_____. A linguagem como gesto, como jogo, como palavra: uma forma de ação no mundo. *Revista Leitura: Teoria e Prática*, n. 5, p. 48-56, Campinas, 1985b.

Alfabetização, letramento e numeramento: conceitos para compreender a apropriação das culturas do escrito

Maria da Conceição Ferreira Reis Fonseca

> *No entanto, um dos aspectos mais evidentes na leitura desses textos iniciais é que eles trazem à tona temas e assuntos que nenhum livro didático e, muito menos, qualquer cartilha ousa considerar.* (Smolka, 2012 [1988], p. 150)

> *Porque não se ensina simplesmente a "ler" e a "escrever". Aprende-se (a usar) uma forma de linguagem, uma forma de interação verbal, uma atividade, um trabalho simbólico.* (Smolka, 2012 [1988], p. 82)

"Meu nome é hoje um número estampado nas minhas roupas"

No início dos anos 1970, muitos religiosos foram presos no Brasil pelo regime militar, e das prisões enviavam cartas a seus familiares, amigos, companheiros de luta e confrades. O tom dessas cartas era muitas vezes de justificativa da causa e incentivo à resistência, mas havia aquelas em que se narravam as condições de vida a que se viam submetidos aqueles religiosos e outros presos políticos no interior dos presídios. Em algumas igrejas católicas de Belo Horizonte, como em outras cidades do país, desafiando a censura imposta pelos órgãos de repressão, algumas daquelas cartas eram lidas nas missas dominicais, e foi nessa situação que eu ouvi a frase que dá título a esta seção. É me remetendo às elaborações afetivas e estéticas de uma criança, provocadas por essa frase, ouvida nessas circunstâncias, que inicio as reflexões que aqui tecerei, motivada pela releitura de *A criança na fase inicial da escrita: a alfabetização como processo discursivo* (Smolka, 2012 [1988]), que fiz recentemente, incitada pelo convite para escrever este capítulo.

Retomar, nas páginas do livro de Smolka, os textos escritos por crianças "na fase inicial da escrita", dos quais emergem "os lugares e os conhecimentos, as dúvidas e as perguntas (implícitas ou explícitas) — sobre a vida, o nascimento e a morte; sobre as relações familiares e sociais; a rotina, os preconceitos; o trabalho, a poesia; as emoções, a violência, as reivindicações...", me fez revisitar a criança que fui, envolta na atmosfera grave que envolvia minha família na escuta da leitura daquelas cartas.

Aquela criança e certamente outras tantas crianças que presenciaram essas leituras viam seus pais dissimularem em olhares e suspiros, em meneios de cabeça e silêncios reticentes sua preocupação com os destinos das pessoas e do país, naqueles anos sombrios cuja triste memória nos tem vindo inevitavelmente assombrar nos recentes eventos de agressão à democracia por que temos passado no Brasil neste último ano.

Como meus pais, os outros adultos também se entreolhavam e pareciam ter a respiração suspensa durante aquela leitura, feita numa entonação e num ritual diferentes daqueles conferidos costumeiramente à leitura dos textos da missa. Os textos que se costumava ler nessas celebrações vinham impressos num folheto que era disponibilizado aos fiéis e que, mesmo antes de conseguir distinguir qualquer palavra, eu sempre pegava na entrada da igreja e portava orgulhosamente durante toda a missa, evitando amassá-lo, sujá-lo ou deixá-lo cair por entre os bancos e genuflexórios. Àquela altura, entretanto, eu considerava que "já sabia ler", mas os limites da agilidade de minha leitura tornavam em vão meus esforços de "seguir" no folheto o que os adultos liam, a despeito da solicitude de minha mãe ou de minha irmã mais velha que, amiúde, apontavam no papel o trecho que estava sendo lido no momento.

Aquele texto, a tal carta, porém, como eu, todos — leitores desenvoltos, claudicantes e também quem não lia — apenas *escutavam*. Mas não era como escutar a homilia, em que o celebrante discursa "sem ler", e nem como escutar e dizer, "sem ler", as orações que todos conheciam de cor. Todo mundo, adultos e crianças, naquele momento, *escutavam a leitura* de um texto escrito, inédito e recente.

Nós, as crianças, embora não entendêssemos exatamente o que acontecia, intuíamos a apreensão, o espanto, o temor, o drama e a convocação à tomada de posição, que se deixavam trair não só na fisionomia dos adultos, mas até mesmo pela transgressão aos rituais da celebração, que identificávamos naquela prática de leitura, inusitada naquele contexto.

As emoções da escuta dessas cartas — que, marcadas na memória afetiva daquela criança, seriam, anos mais tarde, atualizadas na leitura de livros como *Das catacumbas* e *Cartas da prisão* de Frei Betto — foram novamente convocadas quando me deparei com outras tantas crianças que leem e escrevem, nas páginas de *A criança na fase inicial da escrita*, textos que não se restringem a temáticas "brandas", em geral oferecidas e propostas à leitura e à produção de textos infantis. As crianças se deixam tocar por e se dispõem a produzir textos que falam de suas práticas e de suas impressões, de seus sonhos e de suas angústias, de suas memórias e de seus projetos, quando se lhes permite experimentar o potencial *discursivo* do texto escrito.

Mas a discursividade dos textos que as crianças leem e escrevem se constitui justamente quando neles "jogam as condições de vida e os processos de simbolização e representação das experiências infantis" (Smolka, 2012 (1988), p. 147). Por isso, me ocorre admitir também que o que me fez reter na memória por quase 50 anos essa frase inserida no meio da carta de um preso político, lida no autofalante de uma celebração religiosa, para uma audiência tão diversa, que incluía aquela criança que eu era, foi o sentimento que me assaltou quando, com oito anos de idade, dei-me conta de que compreendia a imagem produzida pelo missivista para falar de sua condição de presidiário: "Meu nome é hoje um número estampado nas minhas roupas".

É, porém, do presente que parte o chamado dessa lembrança. Minha relação com a escuta dessa frase me ocorre agora quando me vejo convocada a refletir sobre "o intenso movimento intertextual" que, quando lemos e escrevemos, faz com que "os outros falem no meu texto" e que "eu incorpore e articule a fala dos outros"; e, ainda, que "eu fale o/no discurso de outros que, ao mesmo tempo, ampliam o meu dizer..." (Smolka, 2012 (1988), p. 147). Essa lembrança, portanto, atualiza não apenas a dimensão afetiva dessa experiência de leitora e produtora de textos, mas também sua dimensão estética — dimensões que, tanto quanto a funcionalidade e a estrutura do texto, constituem sua discursividade.

Na frase rememorada junto com a (e por causa da) emoção de sua compreensão, a evocação de uma imagem — um número estampado em peças de roupa — informa aos interlocutores mais do que a situação de privação de liberdade do autor: partilha o sentimento de privação de identidade embutida na perda do nome e em sua substituição por um número. Mas há um encanto estético nessa imagem que fez com que, em meio à apreensão que a escuta da leitura daquelas cartas nos causava, me assaltasse o sentimento de admiração pelos recursos da língua e pela engenhosidade do escritor que os utiliza.

Naquela frase, o frade mobilizara a ideia ordinal do conceito de número — ideia que confere ao número um caráter identificador e que aos oito anos certamente eu já concebia, mas só muito mais tarde aprenderia a chamar assim. Mobilizando essa ideia, o missivista compõe um enunciado que não apenas comunica ao interlocutor uma situação objetiva (estar preso, estar submetido ao modo de vida do presídio), mas também sugere a angústia da perda da identidade (não tenho mais nome, sou identificado por um número) e veicula a informação de que os presos políticos estariam submetidos às mesmas condições a que se submetiam os condenados por outros tipos de crimes.

Essa compreensão do objeto de minha admiração eu só viria a elaborar muitas décadas depois, mas já naquele momento, invadiram aquela neoleitora um certo prazer literário, um vislumbre das potencialidades da língua — valendo-se, inclusive de ideias e representações matemáticas — e um regozijo por me avaliar em condições de usufruir dessas potencialidades, por causa de minha intimidade com essas ideias e representações matemáticas mobilizadas na imagem usada pelo escritor. Eu entendi o que ele quis dizer... E apreciei o modo que ele escolheu para dizê-lo.

Essa lembrança me auxilia aqui a propor a discussão sobre a fertilidade e, de certa forma, a inevitabilidade de se considerarem as *práticas de numeramento* — práticas que envolvem ideias e representações associadas à quantificação, à ordenação, à mensuração, à classificação; à organização do espaço e das formas etc. — no âmbito das práticas de letramento, quando nos voltamos para os processos por meio dos quais crianças, adolescentes, jovens ou pessoas adultas, na fase inicial da escrita e em outras etapas e oportunidades, apropriam-se de práticas de leitura e escrita.

Com efeito, esse brevíssimo episódio da compreensão de uma metáfora (que mobiliza e supõe conhecimentos matemáticos; inseridos em uma carta, escrita nos anos de chumbo da ditadura militar, por um frade, preso político; lida em voz alta pelo celebrante de uma missa dominical; e escutada por uma criança que há pouco se alfabetizara e que intui, no ato da leitura e naquilo que é lido, o clima de restrição à liberdade que vive seu país, e também esboços de transgressão a essas restrições) confronta-nos com diversas dimensões das práticas discursivas a que temos chamado práticas de numeramento. É a análise dessas dimensões que me parece poder auxiliar docentes e estudantes a assumirem e se posicionarem nos processos de apropriação de tais práticas, em diversos contextos, inclusive, ou especialmente, nos contextos escolares.

Insisto que não é minha intenção aqui, e nem me parece ser a intenção dos trabalhos que têm mobilizado os conceitos de *práticas de numeramento* em estudos do campo da Educação Matemática, propor a adoção de um conceito que seria o "análogo *em Matemática*" das "práticas de letramento *em Português*". Não é que não se reconheça a produtividade dessa analogia na elaboração de intervenções pedagógicas. Com efeito, pode-se mobilizá-la quando se quer conclamar professoras e professores que ensinam matemática a compreender e contemplar diferentes aspectos da aprendizagem da matemática: não só os aspectos que estariam relacionados à apropriação de seus códigos e sistemas (a escrita numérica, as notações de medidas, os registros e as normas dos procedimentos aritméticos ou algébricos, por exemplo) — que se identificariam como relativos à *alfabetização matemática* —, mas também aspectos que constituem as práticas matemáticas como práticas sociais, produzidas e reproduzidas a partir de interesses e finalidades de certos grupos humanos, privilegiando valores e recursos de sua cultura e num certo contexto histórico — que se identificariam como relativos ao *numeramento*.

Entretanto, embora engenhosa, essa analogia inibe uma compreensão mais ampla dos processos de apropriação de práticas sociais de leitura e escrita. É essa compreensão que nos obriga a assumir que, se admitimos que vivemos numa sociedade *grafocêntrica*, poderíamos também dizer que essa sociedade é, em quase todas as suas relações, *quanticrata*. Ou seja, assim como referenciamos na escrita a maior parte das práticas socialmente valorizadas, também as submetemos a critérios ditados pela quantificação que se interpõem de forma cada vez mais decisiva em nossos modos de descrever, comparar, avaliar, controlar e (querer) prever...

Além disso, como os textos refletem o jeito como aqueles que o escrevem se relacionam com o mundo, e sendo esse jeito decisivamente marcado por processos, recursos, representações e critérios que se relacionam ao que chamamos de "matemática", entre a diversidade de conhecimentos envolvidos nas situações sociais de uso da leitura e da escrita que ocorrem em uma sociedade grafocêntrica (Soares, 1998), certamente terão destaque os conhecimentos matemáticos, que dão suporte a grande parte das relações sociais que se estabelecem nessa sociedade, tão apegada aos argumentos quantitativos, quanto o é à expressão escrita.

Ou seja, incluímos as *práticas de numeramento* no âmbito das *práticas de letramento*, porque consideramos que as práticas sociais envolvendo quantificação, medição, orientação, ordenação e classificação compõem os modos de usar a língua escrita e são por eles constituídas. A apropriação dessas práticas (práticas matemáticas tomadas como práticas socioculturais) constitui-se, portanto, em processos discursivos e se insere no âmbito da apropriação das práticas de leitura e escrita, uma vez que, numa sociedade grafocêntrica, mesmo as práticas (de numeramento, inclusive) que não se utilizam da tecnologia escrita são marcadas pela cultura escrita: "como idealização a alcançar, como acessório que se utiliza ou se dispensa, como intimidação à qual se resigna ou a que se resiste; como validação a que se submete ou que se questiona, que se respeita ou que se burla, que se venera ou da qual se desdenha" (Fonseca, 2009, p. 55).

Por isso, as razões pelas quais admitimos a inserção dos processos de apropriação de práticas de numeramento no âmbito da apropriação das práticas de leitura e escrita vão além da pródiga identificação de representações matemáticas nos textos escritos de diversos gêneros. Vão além também da constatação de que nossa herança cultural nos legou modos escritos de fazer matemática e que demandas de padronização, de complexificação e de controle conferiram a esses modos maior valorização funcional e social.

Quando nos dispomos a investigar os processos de apropriação de práticas matemáticas, reconhecendo-as como práticas socioculturais, como práticas discursivas e como práticas de letramento, assumimos, pois, que "a própria cultura escrita, que permeia e constitui as práticas matemáticas da sociedade grafocêntrica, é também permeada por princípios calcados numa mesma racionalidade que forja ou parametriza essas práticas [matemáticas] (...) e que é por elas reforçada" (Fonseca, 2009, p. 55).

Assim, na análise do episódio da compreensão, pela jovem leitora, da figura de linguagem utilizada pelo frade para falar de sua condição de presidiário *não é* o domínio da habilidade individual de reconhecimento do número como identificador (Freudenthal, 1973) o que prioritariamente nos interessa. O que atrai nossa curiosidade investigativa e as nossas preocupações pedagógicas são os processos pelos quais, ao *escutar a imagem* produzida no texto escrito, a criança se insere numa prática discursiva, mobilizando essa habilidade para participar dos efeitos de sentido pretendidos pelo escritor, não apenas pelo entendimento da informação objetiva que a imagem veicula, mas pela apreensão da carga dramática que essa imagem empresta ao texto, e também pela apreciação estética do recurso linguístico utilizado.

"Oitenta por cento 'célebro', cinquenta por cento músculos"

A mãe estranhou que seu filho de seis anos, em geral pacato e avesso a lutas corporais em brigas ou em brincadeiras, e resistente inclusive a desenhos animados que envolvessem batalhas, manifestasse o desejo de entrar para o judô, ao contrário, inclusive de seus amiguinhos, que optaram pela escolinha de futebol entre as atividades oferecidas no contraturno da escola.

Desconfiada de que o menino não estivesse muito bem informado do que se tratava, ela tentou explicar:

— Mas, Zé, você sabe que judô é uma luta?

Ele imediatamente retrucou:

— E você sabe que judô é oitenta por cento "célebro" e só cinquenta por cento músculos?

Essa cena ajuda-nos a reiterar nossa disposição de analisar como práticas discursivas de uma sociedade grafocêntrica (e quanticrata) as práticas de numeramento, que se nos parecem, especialmente quando produzidas no contexto escolar (e no seu *entorno*), sempre referenciadas na cultura escrita.

José, ainda que não compreenda bem o funcionamento da porcentagem, já intui a força de sua mobilização no discurso. Mesmo que o suporte que veicula a interpelação da mãe e a réplica da criança seja oral, na interação, a criança modula o discurso e constrói seu argumento arquitetando um outro *gênero*, diferente daquele em que sua mãe propusera a indagação antecedente. Esse novo gênero se aproxima de gêneros que utilizam da escrita e não é fortuita essa aproximação. Para conferir cientificidade e carga dramática a seu argumento, parece não bastar à intenção discursiva daquela criança a mobilização de termos científicos para nomear órgãos do corpo — "célebro", músculos — usados como metonímias de intelecto e de força, respectivamente. O menino elabora seu texto mobilizando dados percentuais porque, mesmo sem dominar o sistema que organiza e disponibiliza a representação percentual para expressar índices relativos, ele compreende sua função pragmática no discurso "científico": torná-lo irrefutável, porque legitimado pela quantificação.

Assim, se quiséssemos aqui distinguir *alfabetização* e *letramento*, poderíamos dizer que José ainda não fora *alfabetizado* no sistema das porcentagens, mas já se sentia apto a mobilizar seus códigos em suas *práticas de letramento*. Essa distinção, porém, aqui, nos interessa menos do que a reiteração de uma importante advertência que nos traz o livro de Ana Smolka (2012 [1988]), quando nos alerta que "o processo de aquisição da escrita nas crianças se realiza não só na margem ou no percurso do 'ilegível' para o legível" (p. 153). Nesse caso, estou considerando a construção do argumento do menino de seis anos — que, embora em suas primeiras aventuras de leitura e escrita cursando o antigo 3°. período numa creche comunitária, estava completamente inserido num ambiente cultural grafocêntrico — como um exercício de modulação do discurso para um gênero textual que, mais próximo dos gêneros escritos, contribuísse em seu propósito de justificar a coerência de sua opção pelo judô.

A elegância dos termos científicos, a sofisticação da metonímia e, principalmente, a força persuasiva das porcentagens são para José a senha que lhe permite penetrar o "espaço do 'inter-dito', da 'legalidade', da provocação até, na medida em que se processa nas tentativas de legitimação de diferentes modos de dizer pelo trabalho de escrever" (p. 153-154) ou de produzir um enunciado "escritível".

Por isso, a aproximação dos estudos das práticas de numeramento com o campo do letramento que temos proposto nos trabalhos desenvolvidos pelo Grupo de Estudos sobre Numeramento (GEN)[1] tem procurado avançar para além da analogia, segundo a qual, *numeramento* estaria para o ensino de matemática, assim como *letramento* está para o ensino da língua padrão ou para a *alfabetização*. A perspectiva que temos procurado construir em nossos projetos de investigação e em nossa atuação pedagógica

---

1. Registrado no diretório de Grupos de Pesquisa do CNPq o Grupo de Estudos sobre Numeramento (GEN) é vinculado à linha de pesquisa *Educação Matemática*, do *Programa de Pós-graduação em Educação: Conhecimento e Inclusão Social* da UFMG, foi formado em 2005, motivado pela necessidade de uma articulação entre os diversos projetos de pesquisa desenvolvidos no Programa que tematizam as relações entre *práticas matemáticas* e *letramento*.

na Educação Básica e na formação docente quer fundamentar a análise e a promoção de práticas matemáticas em diversos contextos, inclusive o escolar, em sua dimensão sociocultural, e, como tal, sujeitas às pressões das sociedades em que se conformam.

Especialmente quando nos reportamos ao contexto escolar, parece-nos inevitável considerar a configuração grafocêntrica das práticas socialmente valorizadas, nas quais quase sempre se fará uso — explícito ou implícito — da mídia escrita: tomada como padrão a ser seguido, almejado, transgredido, ou prescindido; mobilizada como critério de legitimação ou de deslegitimação; utilizada como tecnologia de operação, sistematização, divulgação, inclusão e exclusão.

O mesmo se poderia dizer, entretanto, do caráter quanticrata que rege as práticas das sociedades modernas, entre elas, as práticas escolares. Símbolos, procedimentos e critérios matemáticos se inserem menos ou mais explicitamente nos contextos de leitura e escrita, dos mais sofisticados aos mais corriqueiros, emprestando a eles modos de descrever, apreciar, comparar, decidir e avaliar que engendram disposições culturais, inserção histórica e relações de poder.

Por isso, nossa reflexão sobre o protagonismo daquelas crianças (que se encontravam na fase inicial da escrita), seja na "leitura" da carta do frade preso, seja na elaboração do "texto" de argumentação como réplica à interpelação de sua mãe, nos provoca a analisar o caráter retórico — argumentativo e poético — que é reconhecido (e apreciado) pela "leitora" da carta e mobilizado pelo "escritor" do argumento, por meio das ideias, das representações e dos sistemas matemáticos, utilizados na urdidura dos textos envolvidos naquelas práticas de "leitura" e "escrita".

Essa análise, todavia, mais do que identificar a mobilização de recursos linguísticos associados àquela Matemática que se reconhece como conhecimento acadêmico ou como disciplina escolar, busca apontar estratégias de persuasão e criação que compõem o *intuito discursivo*, o *querer-dizer* (Bakhtin, 1997, p. 300), empreendido por quem escreve e procurado por quem lê.

Com efeito, esse *intuito discursivo* determina não apenas o objeto do enunciado e o tratamento que se lhe deve conferir, mas também, "*a escolha da forma do gênero em que o enunciado está estruturado"* (Ibidem, p. 300). E aqui cabe observar que, no esforço das crianças em prol de êxito em sua inserção naquelas esferas da comunicação verbal, elas souberam buscar nas ideias matemáticas a chave para interpretação e para a produção do querer-dizer daqueles textos.

Segundo Bakhtin (1997), é acima de tudo na escolha do gênero que o querer-dizer do locutor se realiza, balizando-se pela especificidade da esfera da comunicação verbal em que ocorre, pelas necessidades da temática, pelas relações estabelecidas entre os interlocutores. Esse intuito discursivo do locutor, que determina a escolha do gênero, deve, por sua vez, adaptar-se e ajustar-se à forma do gênero escolhido, compor-se e desenvolver-se na forma do gênero determinado, sem que o locutor renuncie à sua individualidade e à sua subjetividade (p. 301).

Entretanto, o gênero se constitui num "espaço de oportunidade para realização de certos tipos de atividades, significados e relações" (Bazerman, 1998, p. 24). Por isso, nossa análise das práticas de numeramento que compõem a aventura discursiva daquelas (e de tantas outras) crianças na fase inicial da escrita vai além do destaque das referências matemáticas nos textos consumidos ou produzidos. Essa análise busca identificar a realização de atividades, a negociação de significados e o estabelecimento (ou o questionamento) de relações, que são desencadeados pelos sujeitos ao mobilizarem ideias matemáticas.

Nessa perspectiva, cabe, pois, analisar a evocação dessas ideias como recursos estilísticos acordados entre os interlocutores, que determinam a forma do discurso, porque são mobilizados visando a efeitos retóricos (*persuasivos* e *poéticos*) para a *realização das atividades, dos significados e das relações* que compõem seu intuito discursivo.

Considerações finais

Neste pequeno ensaio, provocado pelo desejo de compartilhar algumas das reflexões que me foram provocadas pela (re)leitura do livro "A criança na fase inicial da escrita: a alfabetização como processo discursivo", procurei apontar alguns caminhos de minha aproximação com as preocupações e os achados que produziram aquelas páginas e se produziram nelas.

Trabalhando na formação de professoras e professores que ensinam matemática, especialmente daquelas e daqueles que atuam nas fases iniciais da Educação Básica escolar de crianças e também de adolescentes, de jovens e de pessoas adultas, me pareceu importante deixar aqui registrado o valor das contribuições desse livro para o nosso campo de atuação pedagógica e acadêmica.

A opção por apresentar o modo como temos mobilizado o conceito de práticas de numeramento e sua inserção nos estudos sobre letramento não tem a intenção de hipotetizar certa "estabilidade conceitual" que caracterizaria o uso de termos como *alfabetização, letramento* ou *numeramento*, ou mesmo da expressão *práticas de numeramento* que é a que temos usado mais frequentemente nos trabalhos do Grupo de Estudos sobre Numeramento. A frequência e a relevância com que relações matemáticas permeiam e definem as práticas sociais nas sociedades letradas abrem espaço para que as reflexões sobre o caráter discursivo da incursão das crianças na experiência da escrita agreguem esforços investigativos e disposições pedagógicas que não se percam nas teias da classificação dessas práticas ou na tentação de tão somente descrevê-las.

Como o texto de Smolka nos mostra a cada página, a discursividade constituinte das práticas de leitura e escrita, e, como eu quis destacar, das práticas de numeramento que se inserem nelas, requer uma disciplina investigativa e um engajamento pedagógico que nos ofereçam recursos e procedimentos, provocando e operacionalizando nossa sensibilidade para analisar não só os recursos e as posições discursivas que, nessas práticas, são disponibilizadas aos sujeitos, mas também os recursos e as posições que são assumidas pelas crianças já na fase inicial da escrita.

A nós que procuramos desenvolver ou que pesquisamos processos de apropriação de práticas letramento (entre essas, as de numeramento), cabe sempre lembrar que crianças, adolescentes, jovens e pessoas adultas, inseridas numa sociedade grafocêntrica e quanticrata, mesmo quando ainda estão em processo inicial de alfabetização, protagonizam suas práticas de leitura e escrita, desafiando ou resignando-se aos jogos de poder e verdades nelas e por elas estabelecidos, e produzindo ou mobilizando modos de usar a língua, empenhados não apenas em escrever textos, mas em realizar, com autonomia, sua intenção discursiva.

Referências

BAKHTIN, M. *Estética da criação verbal*. São Paulo: Martins Fontes, 1997.

BAZERMAN, Cs. Emerging perspectives on the many dimensions of scientific discourse. In: MARTIN, J. R. and VEEL, R. (Eds.). *Reading Science: critical and functional perspectives on discourses of science*. New York: Routledge, 1998.

FONSECA, M. C. F. R. Conceito(s) de numeramento e relações com o letramento. In: LOPES, C. E.; NACARATO, A. M. (Orgs.). *Educação Matemática, leitura e escrita:* armadilhas, utopias e realidades. Campinas: Mercado de Letras, 2009.

FREI BETTO. *Das catacumbas* — Cartas da Prisão: 1969-1971. Rio de Janeiro: Civilização Brasileira, 1978.

_____. *Cartas da prisão*. Rio de Janeiro: Civilização Brasileira, 1977.

FREUDHENTAL, H. *Mathematics as an educational task*. Dordrcht-Holland: D. Reidel Publishing Company, 1973.

SMOLKA, A. L. B. *A criança na fase inicial da escrita*: a alfabetização como processo discursivo. São Paulo: Cortez, 2012 (1988).

SOARES, M. *Letramento:* um tema em três gêneros. Belo Horizonte: Autêntica, 1998.

O "discurso fundador" de Smolka: alfabetização e produção do conhecimento como processos discursivos

Maria do Rosário Longo Mortatti

> [...] "acreditar" que a alfabetização seja possível e viável — como trabalho e co-autoria na História — não leva, efetivamente, à sua realização. É preciso, na prática, *conhecer* e *conceber* formas de alfabetização condizentes com o momento histórico em que vivemos para operar transformações. A crença, a fé, a esperança na mudança, sugerem ainda a magia, o mito, o dogma, o milagre. Mas o conhecimento e a concepção implicam, na práxis, a gênese, a geração do novo... (Smolka, 1987, p. 137, grifos no original)

"Por onde começar?"[1]

Durante algum tempo, hesitei na escolha de eixo expositivo/argumentativo para este texto, considerando sua finalidade: integrar livro em

---

1. Tomo de empréstimo o título do texto de Barthes (1972), cuja leitura Joaquim Brasil Fontes Junior me indicou, quando lhe apresentei pergunta semelhante em relação à elaboração da dissertação de mestrado por ele orientada.

homenagem aos 30 anos da tese de doutorado *A alfabetização como processo discursivo*, de Ana Luiza Bustamante Smolka, defendida em 13/03/1987, no Curso de Pós-Graduação em Educação — Área de Metodologia do Ensino, da Faculdade de Educação da Universidade Estadual de Campinas (FE/Unicamp)[2].

Como contribuir para a compreensão dessa tese, sem explicitar o sentido que lhe atribuo em minha formação e na história da alfabetização no Brasil? Sem recuperar a memória de aspectos de suas condições de produção naquele contexto histórico, social e acadêmico de que fui contemporânea? Sem retomar o impacto de sua leitura sobre minha formação e atuação profissional?

Como explicitar minha leitura, se não por meio de discurso em primeira pessoa do singular, sem, no entanto, obliterar a complexidade da interlocução proposta pela autora naquele "[...] momento de enunciação social, do qual participam muitas e muitas vozes..." (Smolka, 1987, s/p) e amplificada nas décadas seguintes? Como tratar da tese no contexto em que muitas outras vozes se juntam para analisá-la, sem incorrer em redundâncias e repetições? E, sobretudo, sem cometer a arrogante indelicadeza de esta voz se sobrepor à da autora homenageada, protagonista da história que narro e analiso neste texto?

Por onde começar, considerando que se trata também aqui de árduo trabalho de negociação de sentidos, no jogo das "formações imaginárias", para produção de um discurso que, como tal [...] não tem, de direito, início: [...] se conjuga sempre sobre um discurso prévio [...] (Pêcheux, 1997, p. 76)?

Este texto nasce, portanto, *de* e *em* um lugar de entrecruzamento de processos discursivos, entre paráfrase e polissemia (Orlandi, 1987, p. 27), na interlocução com Smolka e seus interlocutores, entre dúvidas e interdições, nestes tempos de prevalência de certa ordem do discurso acadêmico, cuja produção é "[...] ao mesmo tempo controlada, selecionada, organizada e redistribuída por certo número de procedimentos que

---

2. A tese foi aprovada com conceito "A — Excelente", pela comissão Julgadora composta por: Joaquim B. Fontes Junior (orientador), Eni P. Orlandi (IEL/Unicamp), Maria Cecilia R. de Góes (FE/Unicamp), [assinatura inidentificável no exemplar analisado] e Laymert G. dos Santos (FE/Unicamp).

têm por função conjurar poderes e perigos, dominar seu acontecimento aleatório [...]". (Foucault, 1987, p. 9)

Mas nasce igualmente *de* e *em* um (outro?) lugar ambíguo de prazer e fruição[3], que a tese de Smolka representou(a) para esta leitora.

Assim, em sobressaltos[4], interpõe-se a necessidade de renovar a acolhida à convocação de Smolka: "[...] este trabalho levanta suspeitas, provoca polêmicas, convoca os leitores, interlocutores, a participarem também como protagonistas neste e em novos momentos de enunciação." (1987, s/p).

E, neste momento de enunciação, acolho a possibilidade/liberdade (Gramsci, 1987) de, na confluência entre tempos e espaços de enunciação, buscar a compreensão como forma de diálogo (Bakhtin, 1981, p. 132) entre leitora e autora, mediada pelo texto, situando-me nesse processo como um sujeito que, em vez de "[...] tomar a palavra, gostaria de ser envolvido por ela e levado bem além de todo começo possível". (Foucault, 1987, p. 5)

No princípio, a palavra de Smolka

Essa acolhida impõe desafios: escolher método de abordagem e de exposição que não aprisione nem silencie o objeto de análise; elaborar argumentos coerentes com a proposta enunciativa da autora da tese e sua fundamentação teórica; e produzir sobre "um texto primeiro" um "texto segundo", como comentário que "[...] conjura o acaso do discurso fazendo-lhe sua parte: permite-lhe dizer algo além do texto mesmo, mas com a condição de que o texto mesmo seja dito e de certo modo realizado.

---

3. "Texto de prazer: aquele que contenta, enche, dá euforia; aquele que vem da cultura, não rompe com ela, está ligado a uma prática confortável da leitura. Texto de fruição: aquele que põe em estado de perda, aquele que desconforta. [...] Prazer do texto, texto de prazer: estas expressões são ambíguas porque não há palavra francesa para cobrir ao mesmo tempo o prazer (o contentamento) e a fruição (o desvanecimento). O 'prazer' é portanto aqui (e sem poder prevenir), ora extensivo à fruição, ora a ela oposto." (Barthes, 1987, p. 21-22, 28) A leitura desse livro também me foi indicada por Joaquim, para reflexão sobre o tema de minha dissertação de mestrado.

4. Essa formulação de Osakabe (s/d) inspirou o título de minha tese de doutorado orientada por J. W. Geraldi, defendida na FE/Unicamp em 1991 e publicada em Magnani (1993).

[...] O novo não está no que é dito, mas no acontecimento de sua volta" (Foucault, 1987, p. 25). Como outro discurso constituído por sentidos atribuídos durante três décadas de histórias de leituras, dentre as quais a que apresento neste texto.

Assumir esses desafios implica correr riscos: "[...] não se pode falar 'sobre' um texto assim, só se pode falar 'em' ele, à sua maneira." (Barthes, 1987, p. 31), pois, "[c]ada vez que tento 'analisar' um texto que me deu prazer, não é a minha 'subjetividade' que volto a encontrar, mas o meu 'indivíduo' [que] é também meu sujeito histórico; pois é ao termo de uma combinatória muito delicada de elementos biográficos, históricos, sociológicos [...] que me escrevo como um sujeito [...] anacrônico, à deriva". (Barthes, 1987, p. 81).

Entre riscos e desafios, escolho imergir na tese a partir das margens, por aspectos muitas vezes negligenciáveis, mas constitutivos da enunciação como configuração textual[5], buscando os "[...] vestígios, sinais, raízes de paradigma indiciário/modelo epistemológico" (Ginzburg, 1989, p. 143) que contribuem para conferir singularidade à proposta da autora. Em especial, por meio dos interlocutores da tese, cujas vozes (inclusive as que ecoam como memória do intenso burburinho dos encontros e debates cotidianos nos espaços da FE, no prédio do Ciclo Básico da Unicamp, na década de 1980, para os quais a elaboração deste texto me transporta) também estão aqui presentes, sob a forma de diálogo direto, indireto ou indireto livre, explicitando-se na escolha do campo político e semântico e nos procedimentos de composição deste texto, com base no mesmo modelo epistemológico que reconheço na tese de Smolka e que também constituiu meu processo formativo como professora e pesquisadora.

Assumindo riscos e desafios, apresento neste ensaio memorialístico-historiográfico reflexões sobre a inter-relação de tema/problema, método de abordagem, categorias de análise, referenciais teóricos utilizados e estrutura/forma da tese, em diálogo com o contexto político, social e educacional da década de 1980 e com a produção (brasileira) sobre alfabetização.

---

5. Formulo esse conceito mais detalhadamente em: Magnani (1993) e Mortatti (2000).

Na palavra, o contexto de enunciação

Quando, em meados da década de 1980, conheci Ana Luiza, ela já tinha concluído dois mestrados — em Filosofia da Educação (1976) e em Educação Elementar/Primária e Pré-Primária (1978), na Universidade do Arizona (EUA) —, era professora no Departamento de Psicologia Educacional na FE/Unicamp, desde 1979, e doutoranda no curso de pós-graduação dessa faculdade.

Embora não tivéssemos convívio direto e ela talvez não me conhecesse, eu admirava e acompanhava, de forma mais próxima ou mais distante, as atividades que ela desenvolvia, particularmente como coordenadora, desde 1979, do Grupo de Pesquisa "Pensamento e linguagem" e, entre 1983-1985, do Projeto de Incentivo à Leitura (INEP/MEC/SESU).

A admiração foi sendo reforçada, à medida que ia conhecendo melhor temas e forma de abordagem de suas pesquisas — diferentes dos até então habituais — e que eram correlatos aos que eu me dedicava na pesquisa de mestrado naquele curso de pós-graduação, de forma articulada com minha atividade profissional como professora de língua portuguesa e literatura na educação básica.

Foram significativas as poucas vezes em que pude ouvi-la em atividades acadêmicas, como em sua participação em edições do Congresso de Leitura (COLE), promovido pela ALB, em destacando-se a sessão em que, à frente de um auditório em silenciosa curiosidade, Ana Luiza leu (declamou?) com paixão e encantamento o livro *Pinote, o fracote, e Janjão, o fortão?*, de Ruth Rocha. Por meio desse texto de literatura infantil, Ana Luiza problematizou a assimetria das relações de poder instauradas com a linguagem, tanto no nível social e político quanto, em especial, na relação do adulto/professor com a criança/aluno em fase de alfabetização.

Naquele contexto de intensas discussões, mobilizações e propostas de ação relacionadas com o processo de redemocratização do país, foram se articulando, na FE, assim como em outras unidades da Unicamp, estudos e ações com denúncias dos efeitos catastróficos da ditadura imposta pelo golpe civil-militar de 1964, em todas as esferas da vida social e política do país e também na educação e na escola pública como "aparelho ideológico do Estado" (Bourdieu; Passeron, 1975). Contra a ideologia da classe dominante, eram discutidas e elaboradas formas de compreensão do papel da educação, não de reprodução, mas de transformação de estruturas sociais injustas e superação das desigualdades entre as classes sociais no sistema capitalista. E, articuladamente, foram sendo elaboradas propostas de ação no âmbito da escola pública, em favor do ensino-aprendizagem dos alunos das classes populares. Buscavam-se propostas elaboradas por pessoas "reais" com "vontade concreta", visando à transformação da consciência política contra a ideologia da classe dominante: "[a] consciência nunca pode ser outra coisa senão o ser consciente [...] e o ser dos homens é o seu processo de vida real." (Marx e Engels, 1989, p. 19)

As condições daquele contexto social e político, ainda, caracterizavam um "momento catártico", de conjunção entre necessidade e possibilidade/liberdade de elaboração e transformação sócio-histórica, tendo contribuído para instaurar novos processos de formação dos sujeitos que forjavam novos meios e instrumentos de luta política — inclusive na Academia — e, simultaneamente, suas consciências, em conjunção propícia entre conhecimento das condições objetivas e das formas de sua utilização assim como da vontade concreta de utilizá-las (Gramsci, 1978, p. 47- 53).

Para os que nos colocávamos essa tarefa histórica, era, então, chegado o momento de lutar por condições objetivas em que conquistassem voz os excluídos da participação na produção e usufruto de bens materiais e culturais. Na pesquisa acadêmica, impunha-se a necessidade de compreendê-la e praticá-la como forma de luta política, questionando os princípios da lógica formal/positivista centrada no racionalismo cartesiano, até então habituais naqueles recentes programas de pós-graduação, em favor de princípios da lógica dialética (Lefebvre, 1975).

Era chegado o momento de se questionarem temas, referenciais teóricos, metodologia da pesquisa, conceitos de tese acadêmica e suas finalidades, de produzir novo paradigma/modelo epistemológico centrado no materialismo histórico-dialético e suas categorias de análise, tais como totalidade, ideologia, contradição, práxis, condições objetivas, com implicações crítico-analíticas sintetizadas em pares de opostos — "dominado x dominante", "produto x processo", "objetividade x subjetividade"

—, representando movimento de tese x antítese e visando à superação dialética. Não se tratava (apenas), portanto, de falar sobre essas opções políticas, mas, sobretudo, de fazê-las falar e agir, na materialização do discurso acadêmico.

Eram tempos, portanto, de tomarmos partido, contra a neutralidade ideológica e a (auto-)censura inclusive na produção científica, e de buscarmos textos de referência para a compreensão daquele processo histórico e suas possibilidades em todas as vertentes de atuação. Começou a se difundir em universidades brasileiras, particularmente nas Ciências Humanas (como ocorreu na FE, no IEL e no IFCH — Unicamp) bibliografia de base marxista (em suas diferentes vertentes), inicialmente nos idiomas originais e, a partir do final da década de 1970, em traduções portuguesas ou brasileiras de livros de áreas como Linguística e Análise do Discurso, Filosofia da Linguagem, Psicologia, Sociologia, Teoria Política, Crítica Literária. E se iniciaram, de forma sistemática, questionamentos sobre "como se faz uma tese" (Eco, 1980) e sobre a metodologia científica, com reflexos na produção acadêmica fundamentada nesse paradigma teórico-metodológico, por meio de abordagens qualitativas (pesquisa-ação, pesquisa participante, estudo de caso).

Obviamente, os aspectos contextuais que destaco aqui, de memória, não eram/são consensuais (e não sei se Ana Luiza partilhava da versão que apresento), mas faziam parte de uma fase heroica e combativa — com que também dialoga a tese de Smolka e em cujo contexto se formaram muitos pesquisadores e professores daquela geração e das seguintes —, que propiciou compreender (e fazer) o trabalho acadêmico-científico, como processo de interação verbal, como discurso, que "[...] não é simplesmente aquilo que traduz as lutas ou os sistemas de dominação, mas aquilo por que, pelo que se luta, o poder do qual queremos nos apoderar." (Foucault, 2002, p. 10)

Nesse clima em que a educação (pública) se tornou lugar de militância política, pesquisas como as de Ana Luiza representavam para mim uma esperança científica e política, dialogando, de forma complementar em meu processo de formação e atuação profissional, com estudos e propostas igualmente inovadores para o ensino de língua portuguesa desenvolvidos por outros pesquisadores e professores daquela universidade, como João Wanderley Geraldi, Raquel Salek Fiad (ambos do IEL/Unicamp) e Lílian Lopes Martin da Silva (FE/Unicamp), e com outras iniciativas inovadoras de que participávamos, tais como a Associação de Leitura do Brasil (ALB), fundada em 1981, e o Centro de Estudos em Educação e Sociedade (CEDES), fundado em 1979.

Quando, em 13/03/1987, Ana Luiza defendeu sua tese de doutorado, eu estava finalizando a dissertação de mestrado que defendi no final daquele ano, com o mesmo orientador e na mesma faculdade/área. E talvez sem ter ainda muita clareza sobre os caminhos que se me abriam, acolhi a convocação de Smolka.

Nos anos seguintes, movida pela necessidade de estudar o processo de alfabetização para ensinar aos alunos do curso de formação de professores no CEFAM — e, depois, em coordenação pedagógica, em cursos de formação em serviço de professores, em curso de Pedagogia, em disciplina e orientações de pós-graduação[6], o livro *A criança na fase inicial da escrita: a alfabetização como processo discursivo* (1988) — em que foi publicada a tese de Smolka — tornou-se fonte de estudo e referência para minhas atividades profissionais assim como leitura básica para meus alunos e orientandos. E, simultaneamente, aquela tese se tornou inspiração teórico-metodológico-política para minha tese de doutorado defendida em 1991, de que Smolka foi interlocutora direta, na condição de membro da banca examinadora e de autora do texto de quarta-capa do livro em que a tese foi publicada, em 1993.

Assim, embora não estivesse próxima fisicamente de Ana Luiza, "pessoa civil, passional, biográfica" (Barthes, 1987), encontrei a autora, na mediação concretizada pelo texto de sua tese. E, por meio dessa interlocução, o livro de Smolka se tornou referência científica e bibliográfica em minhas atividades como docente e pesquisadora e, complementarmente, objeto de análise em minhas pesquisas sobre história da alfabetização no Brasil.

---

6. A todos — alunos do CEFAM, alunos e orientandos de graduação em Pedagogia e pós-graduação em Educação e em Letras, na Unesp, professores da educação básica e da universidade — com quem partilhei e partilho minha compreensão (em movimento) da tese/livro de Smolka — devo também muitas das reflexões elaboradas durante as três últimas décadas e apresentadas neste texto.

Na produção de conhecimento sobre alfabetização, a tese

No contexto político e social da década de 1980 no Brasil, expandiram-se pesquisas acadêmicas sobre alfabetização acompanhando a expansão dos programas de pós-graduação.

Conforme Soares (1989), o primeiro trabalho acadêmico sobre alfabetização em nível de pós-graduação foi defendido em 1965. Nessa década, foram concluídas outras duas teses sobre o tema; e, na década seguinte, quatro teses de doutorado e 30 dissertações de mestrado. Na década de 1980, foram defendidas 163 dissertações de mestrado e 23 teses de doutorado sobre alfabetização, em universidades brasileiras. No Programa de Pós-graduação em Eduçação da FE/Unicamp, foram defendidas: na década de 1970, uma dissertação de mestrado; e, na década de 1980, seis dissertações de mestrado e duas teses de doutorado, uma delas, a de Smolka. E, entre as décadas de 1960 e 1980, as áreas de Educação, Psicologia, Letras e Distúrbios da Comunicação marcaram a produção de conhecimento sobre alfabetização em nível de pós-graduação (Mortatti e outros, 2014, p. 20).

De acordo com categorias de análise estabelecidas por Soares (1989), a tese de Smolka foi assim classificada: "Tema — Conceituação de Língua Escrita"; "Referencial teórico — Psicologia Genética"; "Natureza do texto — Pesquisa: Estudo de Caso". Ressalvando-se a advertência de Soares (1989) de que abordou a produção acadêmica como "conhecimento em construção", essas classificações não contemplam as especificidades da tese em análise. No entanto, são sinais importantes da insuficiência dos critérios de classificação disponíveis naquela época, resultando em tentativa de "enquadrar" a tese de Smolka, sem considerar suas características inovadoras pioneiras.

Essa insuficiência se manifesta destacadamente na classificação do referencial teórico e no ponto de vista imputado à tese no resumo apresentado em Soares (1989). O referencial "Psicologia genética"[7], que

---

7. Apesar de pouco provável, essa classificação talvez tenha decorrido da compreensão da "Psicologia genética" como referência à "lei genética do desenvolvimento cultural" elaborada por

remete diretamente à epistemologia piagetiana, *não* é o referencial da tese em análise. Embora Jean Piaget e Emilia Ferreiro sejam citados na tese, Smolka apresenta os pressupostos piagetianos e ferreirianos para a eles contrapor o referencial embasado na "Psicologia Dialética"[8], Teoria da Enunciação e Análise do Discurso. E, no resumo apresentado em Soares (1989), embora haja elementos descritivos adequados, evidencia-se um erro principal de compreensão: "[...] a análise do processo de alfabetização em sala de aula e das relações pedagógicas foi feita, *sob um ponto de vista construtivista, no quadro da teoria da enunciação e da análise do discurso.*" (Soares, 1989, p. 167, grifos meus)

Esse erro, por sua vez, evidencia a homogeneização equivocada, elaborada naquela época, das características de modelos epistemológicos diferentes entre si, desconsiderando a característica interdisciplinar da fundamentação teórica relacionada com as áreas de psicologia, linguística e pedagogia, do ponto de vista do materialismo histórico-dialético, e o "'confronto' pedagógico-epistemológico" (Smolka, 1987, p. 60), que é a hipótese investigativa, chave para a compreensão do caráter inaugural e fundador da tese.

Como discuto em Mortatti (1999, 2000, 2007, 2016), a partir da década de 1980, ao longo do que denomino "quarto momento da história da alfabetização no Brasil", ainda em curso, os questionamentos políticos e pedagógicos sobre a ineficiência da alfabetização escolar, especialmente para as crianças das camadas populares, resultaram em engendramento e adoção de pelo menos três principais modelos explicativos: construtivismo, interacionismo (linguístico), letramento. Em que pesem aparentes semelhanças decorrentes de suas respectivas apropriações, "[...] trata-se de modelos explicativos diferentes, porque fundamentados em diferentes perspectivas teóricas, formulados por diferentes sujeitos, com diferentes finalidades sociais e políticas e que tiveram diferentes ritmos

---

Vygotsky, ou seja, à gênese social dos processos psíquicos superiores (diferentemente, portanto da gênese biológica conforme teoria de Piaget), como explica Pino, no livro *Marcas do humano* (2005). Devo essas reflexões à interlocução com a amiga Anna Maria Padilha.

8. Também "Psicologia Soviética", como então se denominavam os estudos de Vygotsky, Luria e Leontiev.

de implantação, em diferentes modos e lugares de circulação." (Mortatti, 2007, p. 158)

Questionando as concepções de alfabetização até então existentes, o construtivismo decorrente das pesquisas desenvolvidas por Ferreiro e colaboradores foi apresentado e disseminado no Brasil como "revolução conceitual", pois deslocava o eixo do *como se ensina* para *como a criança aprende* (na interação com o *objeto* de conhecimento (a língua escrita)), fundamentando-se na "psicologia genética" piagetiana assim como na concepção chomskiana de língua como sistema. E, por esses motivos de fundo, não comportando, portanto, uma *didática* da língua escrita, em que pesem todas as frustradas tentativas de se formularem "didáticas dos níveis pré-silábico e silábico".

A partir da década de 1980, o modelo construtivista foi sendo disseminado, por meio de sua adoção impositiva, tendo-se tornado hegemônico (Gramsci, 1978), sob a forma de:

> [...] um "construtivismo à brasileira", relacionado com um conceito brasileiro de alfabetização (Mortatti, 2011) e resultante de apropriações ecléticas e consensuais elaboradas principalmente por gestores e pesquisadores e incorporadas em políticas públicas, em discursos oficiais, acadêmicos e didáticos, em cursos de formação de professores alfabetizadores e em ações de ensino e aprendizagem iniciais de leitura e escrita. Tendo passado a integrar o senso-comum pedagógico, essas apropriações vêm até hoje embasando e conduzindo "naturalmente" a prática docente de gerações de alfabetizadores brasileiros, que provavelmente nunca *leram*, de fato, os textos de Ferreiro e colaboradores. (Mortatti, 2016, p. 2269)

Entretanto, foram também conquistando destaque naquela década outros estudos fundamentados no interacionismo linguístico — que já apontavam a insuficiência política e didático-pedagógica tanto da tradição anterior quanto do construtivismo —, como os de Geraldi[9] e os de Smolka.

---

9. Geraldi não trata especificamente da alfabetização, na coletânea *O texto na sala de aula*, por ele organizada, com primeira edição em 1984. No entanto, sua proposta para o ensino de língua portuguesa do ponto de vista do interacionsimo linguístico contribuiu significativamente para reflexões posteriores, por parte tanto de Geraldi quanto de outros pesquisadores, envolvendo a alfabetização

De acordo com esse outro modelo epistemológico, "[...] 'alfabetização' designa o processo de *ensino-aprendizagem* da leitura e escrita entendidas como atividade discursiva, comportando uma nova didática (teoria do *ensino*) centrada no *texto* e na qual se relacionam os diferentes aspectos desse processo discursivo [...]." (Mortatti, 2007, p. 159). Assim, o interacionismo linguístico se caracteriza como *outra* revolução conceitual, resultante do deslocamento do eixo das discussões de *como a criança aprende* para *por que, para que, quem, para quem, quando, onde, o que e como ensinar e aprender em relação à linguagem escrita na fase inicial de escolarização de crianças*.

Na tese, o confronto (contra-)ideológico

Integrando essa outra revolução conceitual, a tese de Smolka se encontra na fronteira entre paráfrase e polissemia, considerando-se que: "[c]ada enunciado deve ser visto antes de tudo como uma resposta aos enunciados precedentes de um determinado campo [...] é pleno de variadas atitudes responsivas a outros enunciados [...]". (Bakhtin, 2003, p. 297)

Ao mesmo tempo em que dialogou com a produção acadêmico-científica em circulação naquele momento histórico, Smolka elaborou ideias, desejos e recursos então existentes para formular, por meio de abordagem interdisciplinar, outras explicações teóricas e implicações pedagógicas para a alfabetização, como sintetizadas no título da tese (que figura como subtítulo do livro), o qual remete não apenas ao conteúdo, mas também à fatura mesma do texto. Esses aspectos da configuração textual, juntamente com os demais, concretizam a compreensão da autora sobre o processo (discursivo) da alfabetização e da produção de conhecimento sobre o tema.

Na elucidativa apresentação da tese[10], Smolka sintetiza suas escolhas epistemológicas/políticas embasadas na concepção de linguagem como

---

como processo inserido no âmbito do ensino da língua portuguesa. A esse respeito, ver, especialmente: Mortatti (1999; 2014).

10. Para análise neste texto, utilizo a cópia digitalizada da versão final datilografada da tese (172 fls.) — disponível na Biblioteca Digital da Unicamp —, cotejando-a com o texto do livro e seguindo

forma de interação e, articuladamente, nos procedimentos da pesquisa com abordagem qualitativa. Essa apresentação e o resumo, complementados pelo sumário, oferecem ao leitor uma espécie de mapa de navegação no processo discursivo da tese. Nesse mapa, Smolka indica os principais aspectos que conferem singularidade à tese, os quais, para esta leitora, organizam-se em torno da seguinte hipótese analítica: a chave para a compreensão do caráter inaugural e fundador da tese se encontra na característica interdisciplinar da fundamentação teórica, do ponto de vista do materialismo histórico-dialético, de que decorre a elaboração do "'confronto' pedagógico-epistemológico", explicitando-se seu caráter de confronto contra-ideológico e contra-hegemônico em relação ao construtivismo piagetiano/ferreiriano e a concepções anteriores de alfabetização.

Esse confronto, além de ponto de partida, embasa e sustenta o discurso da tese, é mais diretamente explicitado no capítulo "Discutindo pontos de vista". Nele, a autora apresenta e contrapõe, no âmbito de "questões epistemológicas e linguísticas mais profundas", as concepções da relação entre pensamento/linguagem em dois "esquemas teóricos", o de Piaget/Ferreiro e o de Vygotsky, para discutir respectivos conceitos (e suas implicações pedagógicas) de "conflito cognitivo" e "defasagem" no processo de aquisição da linguagem escrita pela criança, que resultam em "diferentes posições no que diz respeito às relações de ensino", destacando o conceito de "zona de desenvolvimento proximal", de Vygotsky.

O percurso de formulação desse confronto é explicitado por Smolka: ao iniciar a pesquisa, "[...] não encontrava elementos adequados para analisar o processo de apreensão do caráter simbólico da escrita pelas crianças" (Smolka, 1987, p. 10-11), o que a levou a constatar que seu

---

as muitas marcas que, desde a primeira leitura, fui deixando no exemplar que me acompanha há três décadas, como registros de minha história de leitura, muitas vezes sobrepostos e reconfirmados em sucessivos momentos e finalidades de leitura. O exemplar da tese contém: "certificações" assinadas: pelo orientador e pelo coordenador de pós-graduação da FE/Unicamp, Newton Aquiles Von Zuben, e pelos membros da Comissão Julgadora; páginas com dedicatória, agradecimentos, epígrafes de Merani e Orlandi, complementadas por palavras da Autora; página com menção aos interlocutores; apresentação da tese pela Autora; transcrição da situação de leitura "A mamãe afia a faca"; e sumário. Ao final dos capítulos 3 e 4, há referências de textos neles citados; e, ao final da tese, a seção "Interlocutores: Bibliografia", seguida de três anexos (com material utilizado na pesquisa), resumo e errata.

"[...] suporte téorico naquela época, não exclusiva, mas marcadamente piagetiano, não [a] auxiliava, e mesmo [a] confundia [...]", levantando dúvidas e suspeitas sobre o trabalho que realizava. E conclui:

> [...] as análises epistemológicas de Ferreiro, Teberosky e Palácio não podem dar conta, em termos político-pedagógicos, do fracasso da alfabetização escolar. Porque, se bem que elas apontem para o significado e a importância das interações, elas investigam e procuram explicar o processo individual do desenvolvimento das noções infantis sobre a escrita, independentemente das relações sociais e das situações de ensino (formais ou informais). Elas mostram mais um fator que precisa ser conhecido e observado no processo de alfabetização, mas não resolvem — nem pretendem resolver — o problema. (Smolka, 1987, p. 59-60)

Para Smolka, portanto, a alfabetização é processo discursivo, "[...] que implica a elaboração conceitual pela palavra" (Smolka, 1987, p. 67), pois:

> [...] pensar o processo de aquisição da escrita nos remete a buscar historicamente, sócio-culturalmente, psicologicamente, raízes e origens desta forma de linguagem. Levanta a questão do signo, da capacidade humana de criar sinais e símbolos. Leva-nos a considerar, na sua gênese [...] a relação pensamento/linguagem no movimento das interações humanas [...] nos remete às teorias do conhecimento, ao aspecto filosófico da questão; e falar no movimento das interações humanas nos abre à dimensão política... (Smolka, 1987, p. 10-11)

Essa opção epistemológica/política se manifesta, assim, na temática necessariamente interdisciplinar e nos conceitos básicos que nela se engendram, fundamentada em concepções de linguagem escrita e de texto que se complementam com a de relações de ensino:

> [...] a escrita, além de "representar", institui e inaugura modos de interação, transformando a realidade sócio-cultural dos indivíduos. [...]
> Se tomarmos, então, o TEXTO — e suas condições de produção como unidade de análise [...], deslocaremos o enfoque para a constituição do sentido que revelam uma dialogia, que revelam a elaboração da relação

pensamento/linguagem no processo de escritura. (Smolka, 1987, p. 136, 94-95, grifo no original)

Contrapondo-se, portanto, ao construtivismo, o caráter inaugural/ fundador da tese advém da elaboração de novo campo teórico/epistemológico, produzido na intersecção de "Psicologia Dialética", Teoria da Enunciação, Análise do Discurso. E em sentido divergente do construtivismo, as implicações pedagógicas da proposta de Smolka se fundam na compreensão de que *não há aprendizagem sem ensino* e que *alfabetizar é ensinar a ler e produzir textos.*

A discussão e a formulação de um novo modo de compreender um antigo problema científico-pedagógico estão articuladas com a metodologia de pesquisa participante/ação — estudo de caso e com o método de fatura da tese. Nesse sentido, na análise dos aspectos teórico-metodológicos da tese de Smolka, pode-se identificar reelaboração das reflexões e princípios metodológicos propostos por Vygotsky (1989, p. 70-73), para a abordagem do desenvolvimento psicológico: "[...] analisar processos e não objetos" (p. 70); considerar que "[...] a mera descrição não revela as relações dinâmico-causais reais subjacentes ao fenômeno" (p. 71); e que "[...] são necessários meios especiais de análise científica para pôr a nu as diferenças internas escondidas pelas similaridades externas. A tarefa da análise é revelar essas similaridades." (p. 73).

Com essas reflexões se articulam as escolhas metodológicas que se encontram nas explicações de Smolka. E, também do em relação à estrutura e forma, na tese em análise se concretizam discursivamente possibilidades que, na década de 1980, circulavam na FE/Unicamp, integrando o movimento de contestação política, e que hoje podem parecer "naturais" a pesquisadores de gerações seguintes, para os quais possivelmente tenham se tornado senso-comum acadêmico frases como "o lugar de onde falo", "ouvir vozes" e o uso de títulos com verbos no gerúndio.

Aplicando essas opções à produção de conhecimento sobre alfabetização, a tese problematiza e propõe, *fazendo*, conceito mesmo de dissertação/tese acadêmica, juntando-se a algumas outras produzidas naquele momento. No entanto, é no campo específico da alfabetização que a tese de Smolka inaugura e funda, não apenas novo modelo epistemológico, mas também, e articuladamente àquele, nova metodologia da pesquisa e novo modo de produzir e apresentar trabalho acadêmico.

Marcas discursivas dessas opções estruturais-formais, que integram o mapa de navegação, podem ser encontradas ao longo de toda a tese, na tensão dialética entre objetividade necessária à pesquisa científica e subjetividade (autoral) na produção do objeto de investigação e na apresentação dos resultados da pesquisa. Exemplos dessas marcas se encontram: na estrutura da tese em que são reelaborados elementos canônicos desse tipo de texto; na explicitação do processo de idas e vindas na pesquisa; na assunção da autoria por meio de utilização de sujeito gramatical em primeira pessoa do singular; na utilização de verbos no gerúndio em títulos/intertítulos de capítulos, para indicar processo e não produto.

É, ainda, significativa a explicitação dos interlocutores por meio de menções iniciais, de referências ao final de dois capítulos e na bibliografia final, das notas de rodapé.

Em página inicial da tese, são identificados como interlocutores: Joaquim; Eni; "amigas e companheiras de caminhada"; professoras e supervisoras; colegas de estudo; Regina, Gilberta e Ruth, "amigas muito especiais"; crianças que participaram da pesquisa. Nas referências ao final dos capítulos, têm-se os autores "confrontados": 13 referências de textos de Ferreiro e Teberoski, Piaget, Chomsky, Piatelli-Palmarini, Vygotsky, Luria; e 10 referências de textos de Piaget, Vygotsky, Zilberman, Ferreiro, Bakhtin. E na seção "Interlocutores: Bibliografia" (p. 139-153), têm-se 172 referências [11], nas quais se podem encontrar outros indícios importantes para a compreensão das relações intertextuais na abordagem interdisciplinar que confere singularidade à tese.

Os 26 autores com mais de um texto referenciado na bibliografia são, em ordem de recorrência: Freinet (9); Piaget (8); Orlandi (8); De Lemos (6); Ferreiro (5); Carraher (5); Goodman, K. (5); Goodman, Y (4); Góes (4); Luria (4); Smolka (4); Vygostky (4); Zilberman (4); Poppovic (3); Barthes

---

11. Referências de textos de Luiz Carlos Cagliari, Luís Antonio Cunha e Octavio Paz não constam na bibliografia tese; foram incluídas na bibliografia ao final do livro.

(2); Cole/Scribner (2); Foucault (2); Geraldi (2); Gnerre, M. B. (2); Kramer (2); Lyons (2); Marx e Engels (2); Orthof (2); Perroni, M. C. (2); Soares (2); Wallon (2).

Recorrências e ausências são indicativas da função de cada autor/ texto no desenvolvimento argumentativo da tese. Embora Joaquim não conste na bibliografia, indícios de sua condição de orientador (além de colega de trabalho), estão em todo o texto, como "interlocutor paciente e amigo, companheiro de voos e indagações"; e é também mencionado em nota de rodapé (p. 35), para explicar a formulação do conceito de "corporeidade simbolizada", basilar para a elaboração conceitual de Smolka. Reconheço ainda indícios de sua interlocução em autores e títulos referenciados na bibliografia, como Barthes, Eco, Vernier. Piaget e Ferreiro receberam mais citações do que Vygotsky, uma vez que aqueles integram a revisão bibliográfica e o primeiro par/termo do confronto, para realçar a fundamentação teórica nos textos do psicólogo russo. E Orlandi, "incentivadora primeira, ouvinte e leitora atenta", tem proporcionalmente poucos textos referenciados na bibliografia. Os demais autores, embora citados apenas uma vez, não são menos importantes para o sentido da tese, como Jannuzi, pois o título de seu livro *Confronto pedagógico: Paulo Freire e Mobral* (1985) remete à formulação similar de Smolka a respeito do "'confronto' pedagógico-epistemológico" entre Piaget/Ferreiro e Vygotsky; ou como Zilberman, cujas reflexões ecoam na discussão de Smolka sobre a relação entre literatura infantil e indústria cultural.

Destaco, ainda, outros indícios importantes encontrados nessa bibliografia. O conhecimento em circulação estava predominantemente em livros; muitos textos de autores estrangeiros são citados por Smolka no idioma original (inglês, francês, espanhol), ou por meio de traduções em outro idioma estrangeiro, ou, ainda, em traduções brasileiras ou portuguesas; alguns textos de autores brasileiros resultaram de pesquisas desenvolvidas, naquele momento histórico, na FE e no IEL-Unicamp e em outras universidades brasileiras[12]; a maioria dos textos foi publicada/

---

12. Dentre os interlocutores brasileiros, destaco Paulo Freire, que, além de constar na bibliografia da tese, foi professor na FE/Unicamp — Departamento de Sociologia da Educação (1985-1988), onde recebeu o título de "Doutor *Honoris Causa*".

publicizada na década de 1980, com destaque para alguns projetos editoriais e tradutores responsáveis por essa iniciativa[13]; os assuntos/temas dos textos abrangem: linguística, semiótica, psicologia, psicanálise, educação, leitura, alfabetização, ensino de língua portuguesa, literatura infantil (livros *de* e *sobre*), teoria e crítica literárias, teoria política, sociologia, história.

Um último destaque: as notas de rodapé, que são apenas quatro (indicadas por asterisco), complementam ou remetem a conceitos importantes para a argumentação na tese. Além da mencionada relativamente à interlocução com Joaquim, têm-se notas com destaque para os seguintes conceitos: "significado" e "sentido" (cap. 2, p. 47); "interdiscursividade" (Mainguenau) (cap. 2, p. 65); e "habitus", "primeiro nível de semantização das práticas, que vai permitir dar conta da emergência do discurso social (Robin, p. 13)" (cap. 4, p. 115).

No confronto, a fundação do novo

Considerando a tensão entre continuidades e rupturas que caracterizam a história da alfabetização no Brasil (Mortatti, 2000), destaca-se o caráter inaugural da tese de Smolka, relativamente tanto ao conjunto da produção intelectual da autora quanto a uma vertente de pesquisas e práticas no campo da alfabetização e da educação. Nesse sentido, a tese analisada se caracteriza como "discurso fundador", que institui e estrutura novos modo e conteúdo de pensar, sentir, querer e agir centrados no interacionismo linguístico (contra-hegemônico em relação ao construtivismo piagetiano/ferreiriano), no que se refere ao ensino-aprendizagem inicial da linguagem escrita e à produção do conhecimento sobre esse tema e correlatos.

E, desse ponto de vista, o processo discursivo instaurado *pela* e *na* tese é representativo de uma (outra) revolução conceitual no âmbito de pesquisas, estudos e práticas relativos à alfabetização escolar, com impacto

---

13. Muitos desses livros constavam do acervo da Biblioteca da FE/Unicamp, de onde eu os tomava emprestados.

sobre a formação de pesquisadores e professores que desejavam e desejam pensar e fazer a alfabetização como processo discursivo, com todas as implicações dessa opção epistemológica/política e didático-pedagógica para o ensino-aprendizagem inicial da linguagem escrita.

Ao longo de três décadas de circulação, qual é exatamente o impacto científico e social da tese de Smolka? Os capítulos deste livro contribuem para muitas respostas a essas e outras indagações. Mas, certamente, ainda há muito a ser estudado para compreender o sentido histórico do discurso fundador de Smolka. Por ora, considerando dados disponíveis sobre o que se produz e se faz em alfabetização no Brasil, podem-se avaliar aspectos do impacto do livro de Smolka, por meio de alguns indícios, tais como número de edições e de citações recebidas.

O livro *A criança na fase inicial da escrita...* (1988), teve 13 edições até 2013, com média de uma edição a cada dois anos, com tiragens provavelmente de milhares de exemplares. Tem circulado entre professores alfabetizadores e entre pesquisadores como bibliografia de referência em concursos, planos de ensino de disciplinas de graduação e pós-graduação e projetos governamentais. Entretanto, o construtivismo é ainda o modelo hegemônico para a alfabetização no Brasil e tende a perdurar, como se constata na *Base Nacional Comum Curricular* (BNCC), lançada pelo MEC em 6/4/2017 e apresentada como "política de Estado". E é *sobre* esse modelo construtivista à brasileira que se vem adaptando, de forma eclética, apropriações do modelo epistemológico-pedagógico centrado no interacionismo linguístico (além de outros modelos) e suas implicações pedagógicas (Mortatti, 1999, 2000, 2007, 2016). Muitas dessas apropriações, no entanto, distanciam-se dos fundamentos teóricos e políticos de Smolka (1987) e de Geraldi (1984), gerando equívocos decorrentes da mera "aplicação" isolada de alguns de seus aspectos e termos, como também se constata na BNCC.

No âmbito da pesquisa acadêmica, dados disponíveis (até a data de finalização deste texto) no *site* de busca "Google Acadêmico" são também indicativos da ampla circulação, entre pesquisadores, do construtivismo, comparativamente ao interacionismo linguístico. Os primeiros livros de Ferreiro traduzidos no Brasil — *Psicogênese da língua escrita* (1986) e

Reflexões sobre alfabetização (1985) — receberam, respectivamente, 2448 e 1302 citações. *A criança na fase inicial da escrita...* (1988), recebeu 543 citações; e *O texto na sala de aula* (1984), 1629 citações.

Esses dados e constatações, porém, não obliteram o caráter inaugural/fundador da tese de Smolka nem as contradições e conflitos no movimento dialético da história. Sem dúvida, a tese de Smolka veio completar a lacuna evidenciada na formulação do confronto pedagógico-epistemológico (contra-ideológico), cujos pares de opostos devem hoje ser assim formulados: Piaget/Ferreiro x Vygotsky/*Smolka*.

Em relação à proposta de Smolka para a alfabetização, cabem, portanto, também as reflexões conjecturais que formulei em relação à proposta de Geraldi, em capítulo da coletânea comemorativa aos 30 anos do livro *O texto na sala de aula*:

> [...] se tivesse tornado hegemônica, teria contribuído de forma mais sistemática e mais duradoura para a superação dos problemas [da alfabetização]? Ou essa proposta ter-se-ia tornado pouco fecunda, como decorrência de sua condição hegemônica, ou de sua subsunção (neste caso, paradoxal) em políticas públicas características do neoliberalismo econômico, ao qual se alinharam as políticas de Estado, configuradas, com poucas diferenças, nos sucessivos governos brasileiros, a partir da década de 1990? (Mortatti, 2014, p. 27)

Elaborada ao longo das três últimas décadas[14] e reiterada e expandida neste texto, essas reflexões me instigam a pensar, na tensão entre contradições do passado, problemas do presente e expectativas de futuro.

A alfabetização *ainda* é o problema de *base* da educação pública brasileira, como evidenciam os persistentes dados estatísticos negativos e, mais emblematicamente, as atuais discussões em torno da implementação de políticas públicas para a educação escolar centradas no lema neoliberal "aprender a aprender". A alfabetização *ainda* é um problema político diretamente vinculado a projetos de nação, como projetos de conservação ou de transformação sócio-histórica. Provavelmente, *ainda* não há condições

---

14. A esse respeito, ver: Mortatti 1999, 2000, 2007, 2014.

objetivas (especialmente considerando a temerária conjuntura nacional) para um projeto de alfabetização baseado, de fato, nas contribuições de Smolka. E, certamente, essa *ainda* é uma desafiante proposta para este milênio, pois, como recorda Gramsci: "[...] nenhuma sociedade se coloca tarefas para cuja solução já não existam, ou estejam em vias de aparecimento, as condições necessárias e suficientes [...]" (1987, p. 53).

Por fim, na terceira margem?

Mesmo sob o signo de tempos sombrios, a elaboração deste texto me possibilitou avaliar com mais clareza o impacto da tese de Smolka não somente para a minha formação e atuação profissional, mas também para a de muitos outros pesquisadores e professores — daquela geração e das seguintes —, que, como eu, acolhemos e buscamos compreender nossas atividades como processos discursivos, com implicações para o adequado enfrentamento do desafio político-pedagógico de propiciar às crianças, aos professores e aos pesquisadores a condição de autores de sua história.

Por meio do processo intra/interdiscursivo em que, como sujeito à deriva, imergi na enunciação proposta por Smolka, compreendo melhor que no "[...] no campo intelectual, a escolha política é uma suspensão de linguagem — portanto uma fruição" (Barthes, 1987, p. 58). E, mesmo ciente de que a fruição é tão precária quando insaciável e que o discurso não tem início, nem fim, devo dar por encerrada esta décima-segunda tarefa hercúlea e emergir das profundezas da memória e da história, para pôr fim, ainda que com a esperança de novo início, ao trabalho mental que mobilizou a busca da "terceira margem", onde, possivelmente, situam-se a emergência deste discurso e sua urgência em existir.[15]

Parafraseando Calvino (2015, p. 113-114), também este ensaio nasceu da ideia de que escrever um texto assim me parecia impossível. Quando me convenci de que esse tipo de texto estava completamente além das possibilidades de meu temperamento e de minhas capacidades técnicas,

---

15. Devo essas reflexões em especial à interlocução com o amigo Miguel Marques.

sentei-me em frente ao computador e comecei a escrevê-lo. Não sei se consegui, mas meu objetivo — vejo agora — não era simplesmente produzir um texto, mas mudar a mim mesma — objetivo que, acho, deveria ser o de toda aventura de formação humana.

Referências

BAKHTIN, M. *Marxismo e filosofia da linguagem*. Trad. M. Lahud e Y. Vieira. 2. ed. São Paulo: Hucitec, 1981.

_____. *Estética da criação verbal*. Trad. P. Bezerra. São Paulo: Martins Fontes, 2003.

BARTHES, R. *O prazer do texto*. Trad. J. Guinsburg. São Paulo: Perspectiva, 1987.

_____. Por onde começar?. In: _____. *Novos ensaios críticos seguidos de O grau zero da escritura*. Trad. H. L. Dantas e A. A. A. Lorencini. São Paulo: Cultrix, 1972, p. 77-86.

BOURDIEU, P.; PASSERON, J. *A reprodução*: elementos para uma teoria do sistema de ensino. Trad. R. Bairão. Rio de Janeiro: Francisco Alves, 1975.

CALVINO, I. *Mundo escrito e mundo não escrito*. Artigos, conferências e entrevistas. M. Barenghi (Org.). Trad. M. S. Dias. São Paulo: Companhia das Letras, 2015.

ECO, U. *Como se faz uma tese*. Trad. A. F. Bastos e Luís Leitão. Lisboa: Editorial Presença, 1980.

FOUCAULT, M. *A ordem do discurso*. Trad. L. F. A. Sampaio. São Paulo: Loyola, 2002.

GERALDI, J. W. (Org.). *O texto na sala de aula*: leitura & produção. Cascavel: ASSOESTE, 1984.

GINZBURG, C. *Mitos, emblemas, sinais:* morfologia e história. Trad. F. Carotti. São Paulo: Companhia das Letras, 1989.

GRAMSCI, A. *Concepção dialética da história*. 2. ed. Trad. C. N. Coutinho. Rio de Janeiro: Civilização Brasileira, 1987.

LEFEBVRE, H. *Lógica formal/Lógica dialética*. Trad. C. N. Coutinho. Rio de Janeiro: Civilização Brasileira, 1975.

MAGNANI, M. R. M. *Em sobressaltos*: formação de professora. Campinas: Editora da Unicamp, 1993.

MARX, K.; ENGELS, F. *Sobre literatura e arte*. Trad. A. Lima. São Paulo: Mandacaru, 1989.

MORTATTI, M. R. L. Uma proposta para o próximo milênio: o pensamento interacionista sobre alfabetização. *Presença Pedagógica*, 1999.

_____. *Os sentidos da alfabetização*: São Paulo — 1876/1994. Brasília: MEC/INEP/CONPED; São Paulo: Ed. da Unesp, 2000.

_____. Letrar é preciso, alfabetizar não basta... mais?. In: SCHOLZE, L.; ROSLING, T. M. K. (Orgs.). *Teorias e práticas de letramento*. Brasília: INEP; Passo Fundo: Editora da UFPF, 2007, p. 155-168.

_____. Os órfãos do construtivismo. *Revista Ibero-Americana de Estudos em Educação*, v. 11, p. 2267-2286, 2016.

_____. O texto na sala de aula: uma revolução conceitual na história do ensino de língua e literatura no Brasil. In: SILVA, L. L. M.; FERREIRA, N. S. A.; MORTATTI, M. R. L. (Orgs.). *O texto na sala de aula*: um clássico sobre ensino de língua portuguesa. Campinas: Autores Associados, 2014, p. 5-28.

MORTATTI, M. R. L.; OLIVEIRA, F. R.; PASQUIM, F. R. 50 anos de produção acadêmica brasileira sobre alfabetização: avanços, contradições e desafios. *Interfaces da Educação*, v. 5, p. 6-31, 2014.

ORLANDI, E. P. *A linguagem e seu funcionamento*: as formas do discurso. 2. ed. rev. e aum. Campinas: Pontes, 1987.

OSAKABE, H. Ensino de gramática e ensino de literatura. *Linha D'Água*. n. 5. APLL, São Paulo, s/d.

PÊCHEUX, M. Análise Automática do Discurso. In: GADET F.; HAK, T. (Orgs.). *Por uma análise automática do discurso*: uma introdução à obra de Michel Pêcheux. Trad. de Eni P. Orlandi. Campinas: Editora da Unicamp, 1997.

SMOLKA, A. L. B. *A alfabetização como processo discursivo*. 172 fls. Tese (Doutorado em Educação — Metodologia de Ensino). Faculdade de Educação, Universidade Estadual de Campinas, Campinas, 1987.

_____. *A criança na fase incial da escrita*: alfabetização como processo discursivo. São Paulo: Cortez; Campinas: Editora da Unicamp, 1988.

SOARES, M. *Alfabetização*: estado do conhecimento. Brasília/DF; MEC/INEP, 1989.

VYGOTSKY, L. S. *A formação social da mente*: o desenvolvimento dos processos psicológicos superiores. 3. ed. Trad. J. C. Neto, L. S. M.; Barreto, S. C. Afeche. São Paulo: Martins Fontes, 1989.

A criança na fase inicial da escrita: notas sobre sua circulação no curso de Pedagogia — Faculdade de Educação/Unicamp

Norma Sandra de A. Ferreira
Lilian Lopes Martin da Silva

Notas introdutórias

A difusão de um texto, seu pertencimento às esferas de comunicação que o disseminam é, tão somente, uma das facetas do circuito imaginado por Darnton (1990) para os impressos. Para esse autor, cada impresso percorre um ciclo que vai de sua produção, editoração, impressão, passando por sua difusão, circulação até a recepção.

Corrêa (2006) em sua tese de doutorado afirma que esse é um modelo que:

> (...) permite uma melhor visualização do circuito de comunicação percorrido pelo livro desde o momento em que um autor compõe seus textos, até o instante em que chega às mãos dos leitores (...). Cada segmento representa uma porta de entrada para o exame isolado ou articulado de diferentes facetas do circuito percorrido pelo livro. (p. 27 e 28).

Ao se apoiar nesse modelo de análise, a fim de conhecer e compreender o funcionamento do circuito do livro escolar no contexto educacional amazonense, entre 1852 a 1910, ele inseriu a figura da autoridade pedagógica, do professor, como mais um agente que, ao lado de todos aqueles pertencentes ao polo da produção do livro (autor, revisor, editor, ilustrador, diagramador etc.), também atua na regulamentação ou normatização de seu uso. Considerou para tanto a especificidade do impresso do qual tratava em sua pesquisa e seu território de circulação prioritária, a escola.

O professor, mesmo fora do segmento responsável pela fabricação dos impressos e atuando no âmbito de sua difusão, circulação e recepção no espaço escolar, também age (como um mediador privilegiado) na normatização da leitura e dos objetos a ela associados, levando em consideração as representações que faz do leitor e da leitura. Assim, contribui na definição dos "... usos legítimos do livro, maneiras de ler, instrumentos e processos de interpretação". (Chartier, p. 1991, p. 179).

Da mesma forma que se amparou em ideias de Darnton, para pensar seu objeto de pesquisa, Corrêa encontrou em Chartier, especialmente em seus estudos sobre o livro e a leitura (1992, 1994, 1995), uma forma de pensamento bastante potente que o fez ver o poder dos agentes, que atuam na produção e, em seu caso, nas esferas de circulação do impresso, na conformação dos leitores e de seus modos de ler e utilizar os textos.

Ao desejarmos refletir, neste texto, sobre aspectos ligados ao segmento de difusão e circulação da obra *A criança na fase inicial da escrita*: a alfabetização como processo discursivo, de autoria de Ana Luiza B. Smolka, buscamos amparo nas ideias acima expostas.

As perguntas a nos guiar foram: esse livro circulou no curso de Pedagogia da Faculdade de Educação da Unicamp nos primeiros dez anos (1988-1998) de sua publicação? Considerando que no ensino superior, os programas de disciplinas, entre outras coisas, *podem* e *costumam* apresentar livros e autores indicados para leitura: o que será possível afirmar sobre essa circulação, a partir dos programas? De quantas formas esse texto se apresenta aos leitores nesses programas? Com quais finalidades? Em companhia de quais autores? De que formas o professor atua na regulamentação e na normatização do uso dessa obra?

A fim de construir uma resposta plausível para essas questões consultamos inicialmente os programas de disciplinas do período compreendido nessa reflexão e depositados no arquivo setorial da Faculdade de Educação.¹ A leitura realizada do conjunto disponível, que é bastante volumoso, foi de caráter exploratório, não se ajustando aos rigores de uma pesquisa histórica, mas permitindo uma aproximação de nossas questões. Selecionamos 28 programas de disciplinas obrigatórias a partir de dois procedimentos: a) levantamento dos programas das disciplinas ligadas ao tema da alfabetização e do ensino da leitura e da escrita nas séries iniciais; b) verificação da presença do livro em bibliografias de outros programas do período. Nos dois casos, procedemos à leitura dos registros feitos pelos professores quanto às indicações bibliográficas, aos objetivos e às metodologias.

Após sucessivas leituras, distribuímos os programas em três conjuntos: a) 11 programas são referentes às disciplinas que tematizam a alfabetização e o ensino de língua portuguesa nas séries iniciais (Metodologia de Alfabetização; Fundamentos da Alfabetização; Didática para o ensino de Língua Portuguesa; Didática para a área de Comunicação e Expressão; b) 10 programas contemplam disciplinas que abordam o ensino escolar inicial, com ênfase nos aspectos da metodologia e prática de ensino (Metodologia do ensino de 1.º grau; Prática de ensino e estágio supervisionado nas séries iniciais do 1.º grau); c) 7 programas se referem a disciplinas cuja discussão recai sobre questões do desenvolvimento humano e aquisição da linguagem (Desenvolvimento da linguagem no pré-escolar; Pensamento e Linguagem do Desenvolvimento humano I e II).

A criança na fase inicial da escrita — "o livro amarelinho"[2]

A criança na fase inicial da escrita foi uma tese defendida na Faculdade de Educação da Unicamp em 1987 e publicada, como livro impresso, no

---

1. Esses programas devem ser encaminhados para a coordenação de graduação pelos docentes a cada semestre, mas, nem sempre isso ocorre, o que nos permitiu localizar um universo que sabemos incompleto. A consulta aos programas foi realizada no período compreendido entre 27 a 31 de março de 2017.

2. Em entrevista realizada em 3/11/2016, a autora declarou à aluna da Pedagogia da Unicamp, que realizava sua pesquisa de final de curso, Adriana Taffarelo, que a capa prevista para a primeira

ano seguinte pela editora Cortez e Editora da Unicamp. Está em sua 13ª edição, pertencendo à coleção "Passando a limpo", da editora Cortez.[3]

Trata-se de um texto produzido inicialmente como tese acadêmica e que, portanto, traz as marcas desse gênero específico: versa sobre a iniciação ao mundo da escrita pela escola básica, no período chamado de alfabetização; envolve pesquisa empírica realizada em sala de aula; consta de programas de formação de professores, tanto presenciais, em instituições de ensino superior, como à distância, em sites ou blogs com informações para esse grupo profissional; é referência de leitura nos Parâmetros Curriculares Nacionais e em exames de seleção para cargos e vagas referentes aos profissionais da educação. Configura-se, portanto, como uma obra bastante situada no território escolar e sujeita às regulamentações e protocolos desse espaço. (Chartier, 1991).

A publicação dessa obra pela Editora Cortez, uma editora comercial e que começava na ocasião a formação de um catálogo no campo da educação, amplificou significativamente sua circulação, tornando possível a leitura por um público maior e especialmente vinculado às questões do ensino/aprendizagem da leitura e escrita. Basta considerarmos o número de sua edição (13ª) [4], bem como a tiragem de cada uma delas (o comum é que as tiragens girem em torno de 3000 exemplares), o fato de um único exemplar poder ser lido por mais de uma pessoa (empréstimos pessoais, de bibliotecas etc.), as sucessivas reimpressões, a prática da reprodução em xerox.

O livro viria a estabelecer naquele momento um potente diálogo com outras publicações voltadas à aquisição da linguagem escrita e à escola. São do mesmo período, por exemplo, as edições brasileiras de Emilia

---

edição era totalmente diferente. Segundo ela, seria uma capa azul turquesa cheia de desenhinhos da Eva Funari "(...) dava uma noção completamente diferente do propósito do livro". A autora questionou à editora: "Olha, isso não é um livro para crianças. É um livro para adultos que vão trabalhar com uma questão muito séria!. (...) e Então ficou sem nada!. Ficou o livro amarelinho! "(Taffarello, 2016, p. 77).

3. A Cortez Editora (criada em 1980) é uma editora brasileira, sediada em São Paulo e originada da Editora Cortez & Moraes, fundada em 1968.

4. Segundo a autora, a obra teve 12 edições, com três ou quatro reimpressões, pois cada vez que uma secretaria de educação solicitava o livro para a rede, era feita uma reimpressão. A última edição, que é a 13., foi publicada dentro da nova revisão ortográfica, com um novo prefácio encomendado pelos editores na tentativa de explicar aos leitores os motivos pelos quais o livro se mantém o mesmo ao longo do tempo de sua publicação. (Taffarello, 2016).

Ferreiro e Ana Teberosky, Maria Laura Mayrink-Sabinson, João Wanderley Geraldi, Bernadete Abaurre, Luiz Carlos Cagliari, Eglê P. Franchi, Magda Soares, entre outros.

Um coletivo de trabalhos, que, como a própria Smolka declara: "(...) É uma formação social da mente mesmo (...) Era uma época em que a gente discutia muito e trabalhava muito junto com a FE e o IEL [Unicamp]" (Taffarello, 2016, p. 77), ainda que com distinções e especificidades no modo de trabalhar. O próprio Ministério da Educação e Cultura (MEC) e as secretarias de educação do estado e do município aliados à abertura política dos anos 1980 possibilitaram (encorajaram) o trabalho da universidade com a comunidade. Segundo Smolka, a década de 1980 foi efervescente, incentivando um "discursivo que é histórico, que é muito mais abrangente" (Taffarello, 2016, p. 77) do que sua própria obra. Conforme a autora:

> Eu vejo que, vamos dizer assim, o que eu consegui formular na Tese é porque eu trabalhava efetivamente, tinha um âmbito da minha prática na academia que era muito enraizada na prática da escola. E isso era uma novidade na década de 80. (...) Vamos dizer assim, houve uma onda em 80, 81, mais 82 e 83, 84 e, aí sim, nós mergulhamos no mar desses acontecimentos, participando intensamente e vivendo profundamente o efervescente movimento das ideias em direção à democratização do país. (Smolka apud Taffarello, 2016, p. 77).

Uma consulta aos programas de curso

Quando consideramos os programas das disciplinas, do curso de Pedagogia, da Faculdade de Educação, tínhamos como expectativa que a indicação da obra de Smolka estivesse presente, desde sua 1ª edição, naqueles relativos à alfabetização ou ao ensino inicial da leitura e da escrita na escola, assunto da obra. Diferentemente, no entanto, *A criança na fase inicial da escrita* compôs, pela primeira vez, as indicações de leitura de disciplinas ligadas à *Psicologia*[5].

---

5. No curso de Pedagogia, da Faculdade de Educação, da Unicamp, *A criança na fase inicial da escrita* apareceu como leitura indicada pela primeira vez, em 1988, ainda como Tese de Doutorado

A indicação ocorreu nos casos dos programas de Psicologia[6] que, fazendo interface com as questões da aquisição da linguagem, do desenvolvimento humano e ensino infantil, tratavam especialmente da perspectiva discursiva (trazida no livro), fazendo dela uma pauta importante das reflexões. Este é o caso das disciplinas: EP 424 — Desenvolvimento da linguagem pré-escolar e EP 428 — Pensamento e linguagem do desenvolvimento humano I e II.

Em seus objetivos podemos ler, como por exemplo, no programa de EP424 — Desenvolvimento da linguagem pré-escolar:

> O curso tem por objetivo suscitar, provocar e trabalhar algumas questões que dizem respeito aos processos de desenvolvimento e aquisição da linguagem na criança. O curso vai abrir espaço para o conhecimento teórico e reflexão sobre a problemática pensamento/linguagem, viabilizando discussões a respeito das condições socioculturais das interações verbais-orais e escritas — e suas implicações nas situações e relações de ensino. (Programa, 1989, p.1).

A presença da tese/livro neste conjunto está vinculada a uma perspectiva teórica que aborda a questão do pensamento e da linguagem como sendo enraizados nas condições socioculturais que os produzem, por consequência, nos modos de abordagem da dinâmica da linguagem em suas relações e situações de ensino. Mais do que ligada a um campo específico do conhecimento ou a uma disciplina curricular, a obra de Smolka emerge marcando uma posição teórica e metodológica que pode "suscitar, provocar e trabalhar algumas questões que dizem respeito aos processos de desenvolvimento e aquisição da linguagem na criança" (Programa Desenvolvimento da linguagem pré-escolar, 1988, p. 1), ou que pode contrapor-se a "(...) teorias atuais e polêmicas em Psicologia ou

---

que foi defendida em 1987. O mesmo se deu no ano seguinte. Apenas passou a integrar os programas em forma de livro a partir de1990.

6. Os programas do Curso de Pedagogia da Unicamp não são definidos *a priori* pelo curso. Os programas de uma mesma disciplina assumida por professores diferentes podem ser elaborados de acordo com a perspectiva teórica e metodológica de cada docente. O que significa que nem todos os professores de uma mesma área de conhecimento podem adotar uma mesma perspectiva e indicar as mesmas referências bibliográficas.

Linguística relacionadas à temática do pensamento e linguagem." (Programa Pensamento, Linguagem e Desenvolvimento Humano, 1989, p. 1).

Na bibliografia desse conjunto é possível identificar os interlocutores que são convocados. Autores, como por exemplo, João Wanderley Geraldi (O texto na sala de aula, 1984), Cláudia Lemos (Interacionismo e a aquisição da linguagem, 1986), Eglê Franchi (E as crianças eram difíceis — a redação na escola, 1984), Magda Soares (Linguagem e Escola: uma perspectiva social, 1986); Emilia Ferreiro (Reflexões sobre alfabetização, 1981), L. S. Vygotsky (A formação social da mente, 1984; Pensamento e linguagem, 1987), entre outros.

Os programas enfatizam, assim, uma perspectiva a respeito da temática "linguagem e pensamento" constituída e constituidora das condições socioculturais presentes nas interações verbais — orais e escritas — e suas implicações nas relações de ensino, em sala de aula.

No caso das disciplinas ligadas ao tema da *alfabetização ou do ensino de língua portuguesa*, a obra apareceu pela primeira vez em 1993[7], na bibliografia do programa de EP 451 — Metodologia da Alfabetização[8]. Isso só ocorrerá novamente em 1996 e 1998. Nesses programas, a obra está, na bibliografia básica, ao lado de autores como, por exemplo, Luiz Carlos Cagliari; João Wanderley Geraldi; Frank Smith; Eglê Franchi; Bernadete Abaurre; Emilia Ferreiro, Magda Soares, bem como das propostas de ensino da Língua Portuguesa e do Projeto Ipê (CENP) etc.

No período pesquisado, no conjunto de todos programas ligados à alfabetização e ensino da leitura e da escrita nas séries iniciais são enfatizados aspectos diferentes da questão. Uns colocam ênfase em concepções de prontidão e suas consequências pedagógicas na alfabetização; outros acentuam a construção da aquisição da escrita pelos estudos oriundos de Emilia Ferreiro e Ana Teberosky; outros destacam as contribuições provenientes da Linguística; outros, ainda, defendem a ideia de que o trabalho com a linguagem se estende para além da alfabetização e esta o

---

7. Os programas das disciplinas dos anos anteriores a 1993, ora não apresentavam bibliografia, ora essa não trazia a indicação da obra.

8. Essa disciplina é nomeada posteriormente como "Fundamentos da Alfabetização" (1998-2006), e mais recentemente, a partir de 2007, como "Escola, Alfabetização e Culturas escritas".

integra etc. Os objetivos indicados no programa de EP451 — Metodologia da Alfabetização, por exemplo, apontam para um dos aspectos ligados à alfabetização:

> Uma reflexão sobre as práticas mais tradicionais de ensino —aprendizagem da leitura e da escrita na escola do 1°. Grau (..) particularmente no momento da alfabetização, de modo a problematizá-las em seus diferentes aspectos: linguagem e língua; concepção de leitura e de escrita e modos de se ensinar; conteúdos de ensino e sua organização; formas de avaliação; papéis e relações interpessoais em sala de aula; material didático. (Programa, 1993, p. 1).

No entanto, todos os programas, em comum, destacam uma preocupação com o fracasso escolar e a qualidade do ensino da leitura e da escrita na escola, apontando para o vigoroso debate que, na época, está sendo tecido em relação à alfabetização: o questionamento dos métodos considerados tradicionais, as contribuições do construtivismo, a defesa da concepção de linguagem como interação e do trabalho com o texto como unidade de sentido.

No conjunto formado pelos programas das disciplinas cujo foco é a *metodologia e a prática de ensino no 1°. Grau*, a obra é indicada tanto na bibliografia, como nas unidades que os compõem. Até mesmo é utilizada como epígrafe dando o tom que conduzirá o curso, como vemos, por exemplo, no programa de EP 375 — Metodologia do ensino de primeiro grau:

> (...) onde os lugares do *quem* podem ser preenchidos tanto pelo aluno como pelo professor, ou por qualquer outra pessoa. Mas, aí, a questão que se coloca é: "quem pode ocupar que lugar, quando e por quê?" E voltamos à análise da institucionalização da tarefa de ensinar: da posição e do papel do professor na escola; das representações sociais, das formações imaginárias e do funcionamento implícito; das condições político-econômicas no movimento das transformações históricas. (Smolka, 1988, p. 45, apud Programa, 1993, p.1)

Nesse grupo de disciplinas, a obra está presente também desde 1993. Tudo leva a crer que sua leitura está indicada para colaborar na construção de um olhar e de um modo de fazer nas situações cotidianas da escola. O programa de EP518 — Prática de ensino de 1°. Grau traz, por exemplo, como objetivo: "(...) uma apreensão e análise do trabalho pedagógico (...) a partir de vivência, reflexão e atuação neste contexto, [busca] caracterizar o trabalho pedagógico (...) em suas condições de produção (...)." (Programa, 1994, p. 13)

Em algumas vezes, a obra é referida integralmente e como leitura obrigatória, na bibliografia básica, como é o caso da disciplina EP 375 — Metodologia do ensino de primeiro grau (Programa, 1993, p. 13). Em outras, em unidades de trabalho, como, por exemplo, em "Práticas pedagógicas das séries iniciais — regular ou supletiva", do programa de EP 375 — Metodologia do ensino do primeiro grau. (Programa, 1995, p. 8). Em outras, ainda, a obra se apresenta em forma de capítulo e como leitura complementar. Como exemplo, o capítulo "Salas de aula, Relações de ensino", na unidade "os modos de fazer" do programa de EP758/759 — Prática de ensino e estágio supervisionado na escola de primeiro grau (Programa, 1994, p. 8).

Indicada na bibliografia básica, é uma referência entre outras no modo de pensar a aquisição da leitura e da escrita, em sala de aula. Inserida em uma unidade específica do programa parece produzir um sentido diferente para o trabalho com ela. Este destaque a vincula ao tema da unidade e o sentido de sua leitura está ligado ao propósito desta própria unidade, tal como vemos na indicação:

> [a obra] referente à primeira unidade que intenciona a problematização do objeto de estudo ("ensino") e o modo de abordagem ("prática") destacando os seguintes eixos temáticos: teoria, prática, trabalho; a relação de ensino como prática social multideterminada; a proposta de participação como opção metodológica). (Programa EP — 758 — Prática de ensino e Estágio supervisionado — Fundamentos da Educação, 1994, p. 5-6.

Tanto na bibliografia básica, quanto como indicação de leitura em uma unidade, a obra aparece acompanhada de outras: E as crianças eram difíceis — redação na escola (Eglê Franchi, 1984); Educação para a prática da liberdade (Paulo Freire, 1967); Fala Maria Favela: uma experiência criativa em alfabetização (Antonio Leal, 1988) etc. Autores que, no momento, se propõem a discutir as relações e as práticas pedagógicas na sala de aula e a socializar experiências de pesquisas nesta direção.

Notas finais

Os Programas de disciplinas do curso de Pedagogia da FE/Unicamp, no período de 1988 a 1998, nos permitem dizer que a circulação do livro, *A criança na fase inicial da escrita*, realizou-se, especialmente, através de disciplinas, a despeito de outros caminhos que, por ele, podem ter sido percorridos. No entanto, a referência à obra, ao longo de todo o período, não se manteve em uma mesma disciplina, nem mesmo sob responsabilidade de um único professor, e, nem sob a responsabilidade de diferentes docentes.

A obra circulou na bibliografia básica dos cursos, como também esteve presente em uma única unidade. Circulou na forma de tese e de livro impresso, como texto integral ou capítulo isolado. Circulou ao lado de outros artigos da própria Smolka e de autores que se aproximam da perspectiva política, teórica e metodológica assumidas por ela. Apareceu, também, como contraponto a outras abordagens ligadas ao desenvolvimento e à aquisição da linguagem, à educação e ao ensino da leitura e escrita, que estão presentes no debate do momento, em disputa.

O professor atuou nessa circulação como um agente regulador. O fato de se permitir que os docentes responsáveis pelas disciplinas do curso construam e proponham, com relativa liberdade, seus programas de trabalho — mesmo no caso de disciplinas obrigatórias — possibilitou que a obra fosse indicada ou não. Permitiu também que o professor decidisse o lugar e o momento em que ela estaria presente em seu plano de trabalho, fez com que atribuísse a ela, ao menos duas diferentes finalidades: para acentuar determinada perspectiva ou para diferenciá-la de outras abordagens do mesmo assunto.

Essa regulamentação admitiu maior ou menor liberdade por parte dos estudantes na produção de sentidos; enfatizou ora o aspecto coletivo, ora o individual dessa produção; ou ainda, incentivou o diálogo da obra com a realidade da escola.

Ao definir nos programas formas de trabalho com os textos — leitura e análise de textos; aulas expositivas com participação dos alunos; debates; estudos dirigidos, elaboração de trabalhos individuais; seminários e atividades iniciais de pesquisa; análises envolvendo pesquisas de campo, observações de situações cotidianas vivenciadas pelas crianças em contextos diversos; leituras e discussão de textos mediante roteiros; minirrelatórios após leitura de cada texto etc. — o professor buscou regular os modos de ler e os usos da obra, na direção das convenções presentes no ensino superior.

Essas formas parecem corresponder a uma ideia de leitura própria do território escolar: de um leitor que lê previamente, se prepara para a aula, que lê para estudar; que analisa; que faz anotações de leitura, seja no próprio livro, seja no caderno etc. Formas essas que buscaram regular o uso do livro *A criança na fase inicial da escrita*, fazendo com que os docentes, embora situados para além do polo da produção do impresso, participem do projeto de conformação do leitor e da leitura.

Quase sempre os leitores escapam a essas forças de conformação começando por não acolher passivamente indicações de leitura, modos de ler e formas de trabalho. Para Chartier (1990), a essa força "responde" uma outra, que vem dos leitores, situados no polo oposto ao da produção, mas nele previstos e imaginados. Eles ocupam o segmento da recepção e da apropriação dos textos, praticando a leitura, mas sempre na tensão com as estratégias de controle dessa prática podendo delas desviar, escapar. Ao invés de, passiva e obedientemente, se deixarem conformar, realizam um consumo inventivo (Certeau, 1994), mobilizando astúcias e táticas, imprimindo ao consumo, o caráter de uma produção.

Na impossibilidade de conhecer as formas como os alunos reagiram aos programas e suas indicações de leitura, no período pesquisado, recorremos aos programas e às experiências de docência de uma das autoras deste texto, na disciplina Fundamentos de Alfabetização"/"Escola, Alfabetização e Culturas da Escrita", a partir dos anos 2000[9].

---

9. Desde 2000, no âmbito da disciplina "Fundamentos de Alfabetização"/ "Escola, Alfabetização e Culturas da Escrita" a indicação da obra impressa é referência bibliográfica no interior de uma unidade que compõe o programa. Para ela, está prevista uma discussão de um ponto de vista — o da discursividade — ao lado de autores como Mortatti, Geraldi, Bakhtin, Vygotsky, entre outros. Em relação a outras unidades, ela se caracteriza como contraponto teórico na abordagem da alfabetização oriunda das pesquisas de Emilia Ferreiro e das orientações dos programas de formação de professores (Pró-Letramento, PNAIC, Ler e Escrever, por exemplo). Também ela se apresenta no programa, como uma possibilidade de problematizar a questão dos métodos considerados tradicionais, assim como o debate em torno do tema "alfabetização e letramento", questões vigorosas no campo da produção acadêmica sobre alfabetização, em cursos de formação inicial e continuada dos professores.

Esses programas têm apresentado a obra como leitura obrigatória do texto integral impresso às turmas da Pedagogia-Unicamp. Têm sido inúmeras as reações dos alunos: exploram a possibilidade de uma fragmentação da obra em capítulos aula à aula; questionam a quantidade de exemplares disponíveis na biblioteca; perguntam pela existência de edições para venda em livrarias ou sebos; solicitam que o livro seja disponibilizado como matriz no setor de reprografia (xerox). Mais recentemente, os alunos pedem por uma versão digital. Houve, ainda, a indicação de um *link*, em que a obra poderia ser ouvida e vista pela internet.

Tais questionamentos apontam para a diversidade de formas de acolhimento e de modos de leitura praticados por essas turmas de alunos. A presença da obra em outro suporte e em outras formas — como indicação em programas de curso de formação de professores, mas também como fichamentos, resumos, resenhas, questões de prova, comentada pela autora em entrevista, em PDF etc. — interroga os modos de trabalho convencionalmente mobilizados nos programas de ensino, exigindo que cada vez mais a negociação entre alunos e professores, embora não eliminando a possibilidade de leitura do impresso.

A criança na fase inicial da escrita alcançou uma circulação bastante ampla, colocou-se cada vez mais à disposição dos leitores em diferentes suportes, suscitando múltiplas práticas de leitura, não só impulsionada pelo fortalecimento da web, mas porque se tornou referência no campo da alfabetização, nos últimos trinta anos.

Referências

CERTEAU, M. *A invenção do cotidiano*. Artes de fazer. Tradução de Ephraim Ferreira Alves. Petrópolis: Vozes, v. 1. 1994.

CHARTIER, R. *A história cultural:* entre práticas e representações. Lisboa: Difel, 1990.

_____. Textos, impressões, leituras. In: *A nova história cultural*. São Paulo: Martins Fontes, 1992.

CHARTIER, R. *A ordem dos livros*. Brasília: Editora da Universidade de Brasília, 1994.

_____. Textos, impressões, leituras. In: HUNT, Lynn (Org.). *A nova História Cultural*. São Paulo: Martins Fontes, 1995.

CORREA, C. H. *Circuito do livro escolar: elementos para a compreensão de seu funcionamento no contexto educacional amazonense 1852-1910*.Tese (Doutorado em Educação), Campinas, Faculdade de Educação, Universidade Estadual de Campinas, SP, 2006.

DARNTON, R. *O beijo de Lamourette*: Mídia, cultura e revolução. Tradução de Denise Bottmann. São Paulo: Companhia das Letras, 1990.

SMOLKA, A. L. B. *A criança na fase inicial da escrita*: a alfabetização como processo discursivo. São Paulo: Cortez, 1988.

TAFFARELLO, A. *Estudos sobre a perspectiva discursiva no processo inicial de aquisição da língua escrita*. Trabalho de Conclusão de Curso, Campinas, SP, Faculdade de Educação da Universidade Estadual de Campinas, 2016.

Referências documentais:

Programas de disciplinas obrigatórias do Curso de Pedagogia, da Unicamp.

1988

EP424 — Desenvolvimento da Linguagem no Pré-escolar

EP451 — Metodologia da Alfabetização

EP455 — Metodologia da Comunicação e expressão

1989

EP424 — Desenvolvimento da Linguagem no pré-escolar

EP427 — Pensamento, Linguagem e Desenvolvimento humano I

EP 451 — Metodologia da Alfabetização

1990

EP428 — Pensamento e Linguagem do Desenvolvimento Humano II

EP451 — Metodologia da Alfabetização

1991

EP428 — Pensamento e Linguagem do Desenvolvimento Humano II
EP358/455 — Didática para o ensino de Língua Portuguesa/Didática para a área de Comunicação e Expressão

1992

EP451 — Metodologia da Alfabetização
EP358/455 — Didática para o Ensino de LP /Didática para área de Comunicação e Expressão

1993

EP427 — Pensamento e Linguagem do Desenvolvimento Humano I
EP451 — Metodologia da Alfabetização
EP375 — Metodologia do Ensino de primeiro grau

1994

EP518 — Prática de Ensino de 1º Grau
EP758 — Prática de Ensino e Estágio supervisionado — Fund. da Educação
EP358 — Didática de Comunicação e Expressão

1995

EP451 C — Metodologia da Alfabetização
EP518 B — Prática de Ensino e Estágio supervisionado — na escola de 1º Grau
EP758 e 759 B — Prática de Ensino e Estágio supervisionado — na escola de 1º Grau
EP375 — Metodologia do Ensino de 1º Grau
EP 427 — Pensamento e Linguagem do Desenvolvimento Humano I

1996

EP 375 — Metodologia do Ensino de 1º Grau
EP451C — Metodologia da Alfabetização
EP518 — Prática de Ensino e Estágio supervisionado na escola de 1º Grau
EP375 — Metodologia do Ensino de 1º Grau

1997

EP518 — Prática de Ensino e Estágio supervisionado na escola de 1º Grau

1998

EP451 — Metodologia da Alfabetização

2000

EP451 — Fundamentos da Alfabetização

2007

EP 451 — Escola, Alfabetização e Culturas da Escrita

Sobre os autores

ADRIANA LIA FRISZMAN DE LAPLANE

e-mail: adrifri@fcm.unicamp.br

Professora livre docente da Faculdade de Ciências Médicas da Unicamp. Participa dos grupos de pesquisa: Pensamento e Linguagem (FE/Unicamp); Desenvolvimento, Linguagem e Práticas Educativas (FCM/Unicamp) e Políticas Públicas de Educação e Educação Especial (UFMS).

ANA LÚCIA HORTA NOGUEIRA

e-mail: alhnog@unicamp.br

Docente da Faculdade de Educação — Unicamp e pesquisadora vinculada ao Grupo de Pesquisa Pensamento e Linguagem (FE-Unicamp) e ao Grupo de Pesquisa Políticas Educacionais e Cotidiano Escolar (EFLCH-UNIFESP).

ANA LUIZA BUSTAMANTE SMOLKA

e-mail: asmolka@unicamp.br

É Professora Associada na Faculdade de Educação da Unicamp, onde trabalha, desde 1979, em cursos de graduação e pós-graduação. Desde 1980, vem realizando estudos e pesquisas sobre as práticas escolares e as práticas discursivas junto a professores e alunos da Educação Infantil e Ensino Fundamental.

ANDRÉA PESSÔA DOS SANTOS

e-mail: a.pessoas@ig.com.br

Professora Adjunta da Faculdade de Educação da Universidade Estadual do Rio de Janeiro (FEBF-UERJ). Realizou estudos na Università degli Studi di Bari — Aldo Moro — Itália, como bolsista PSDE/CAPES. Doutorado em Educação pela Universidade Federal Fluminense (UFF).

CANCIONILA JANZKOVSKI CARDOSO

e-mail: kjc@terra.com.br

Professora Titular aposentada, da Universidade Federal de Mato Grosso, campus de Rondonópolis. Coordenadora do Grupo de Pesquisa Alfabetização e Letramento Escolar — ALFALE.

CECILIA M. A. GOULART

e-mail: goulartcecilia@uol.com.br

Professora titular da Faculdade de Educação da Universidade Federal Fluminense (FEUFF), Coordenadora do grupo de pesquisa: Linguagem, cultura e práticas educativas (LHEP).

CLÁUDIA MARIA MENDES GONTIJO

e-mail: clammg@terra.com.br

Professora do Centro de Educação da Universidade Federal do Espírito Santo. Integrante da linha de pesquisa Educação e Linguagens do Programa de Pós--Graduação em Educação.

DANIA VIEIRA MONTEIRO COSTA

e-mail: daniamvc@gmail.com

Professora do Centro de Educação da Universidade Federal do Espírito Santo. Integrante do Núcleo de Estudos e Pesquisas em Alfabetização, Leitura e Escrita do Espírito Santo (Nepales).

JOÃO WANDERLEY GERALDI

e-mail: geraldi@unicamp.br

Professor titular aposentado da Universidade Estadual de Campinas (Unicamp): Instituto de Estudos da Linguagem (IEL), Departamento de Linguística.

LÁZARA NANCI DE BARROS AMÂNCIO

e-mail: nancib@terra.com.br

Professora aposentada da Universidade Federal de Mato Grosso, campus de Rondonópolis-MT. Departamento de Educação. Integrante do Grupo de Pesquisa Alfabetização e Letramento Escolar — ALFALE.

LILA CRISTINA GUIMARÃES VANZELLA

e-mail: lilavanzella@gmail.com

Professora-pesquisadora vinculada a projetos de instrumentos de avaliação para a Fundação Vunesp. Membro do Grupo de Pesquisa Pensamento e Linguagem da Faculdade de Educação da Unicamp. Membro do Grupo de Pesquisa Contextos Integrados de Educação Infantil da Faculdade de Educação da USP.

LILIAN LOPES MARTIN DA SILVA

e-mail: lilian.lmsilva@gmail.com

Professora doutora aposentada, da Faculdade de Educação — Unicamp — Departamento de Educação, Conhecimento, Linguagem e Arte. Membro do Grupo de Pesquisa ALLE/AULA — Alfabetização, Leitura e Escrita/Trabalho docente na Formação Inicial.

MARIA DA CONCEIÇÃO FERREIRA REIS FONSECA

e-mail: mcfrfon@gmail.com

Professora Titular da Faculdade de Educação — UFMG — Departamento de Métodos e Técnicas de Ensino. Coordenadora do Grupo de Pesquisa GEN — Grupo de Estudos sobre Numeramento e do Programa de Educação Básica de Jovens e Adultos da UFMG.

MARIA DO ROSÁRIO LONGO MORTATTI

e-mail: mrosario@marilia.unesp.br

Professora Titular da Universidade Estadual Paulista (Unesp), Faculdade de Filosofia e Ciências — campus de Marília. Coordenadora do Grupo de Pesquisa "História do ensino de língua e literatura no Brasil". Presidente Emérita da ABAlf — Associação Brasileira de Alfabetização.

NORMA SANDRA DE ALMEIDA FERREIRA

e-mail: normasandra@yahoo.com.br

Professora livre-docente da Faculdade de Educação da Universidade Estadual de Campinas (FE-Unicamp). Coordenadora do grupo de pesquisa Alfabetização, Leitura e Escrita/Trabalho Docente na Formação Inicial. (ALLE/AULA).

RENOVA GRAF
www.renovagraf.com.br